股市交易的十二堂必修课

景生辉◎著

中国宇航出版社
·北京·

图书在版编目（CIP）数据

股市交易的十二堂必修课 / 景生辉著. -- 北京 : 中国宇航出版社，2023.1(2025.8重印)
ISBN 978-7-5159-2156-3

Ⅰ. ①股… Ⅱ. ①景… Ⅲ. ①股票交易－基本知识 Ⅳ. ①F830.91

中国版本图书馆CIP数据核字(2022)第223041号

策划编辑　卢　珊　　　封面设计　王晓武
责任编辑　卢　珊　　　责任校对　吴媛媛

出版发行　中国宇航出版社
社　址　北京市阜成路8号　　　邮　编　100830
（010）68768548
网　址　www.caphbook.com
经　销　新华书店
发行部　（010）68767386　　（010）68371900
（010）68767382　　（010）88100613（传真）
零售店　读者服务部
（010）68371105
承　印　三河市君旺印务有限公司
版　次　2023年1月第1版　　2025年8月第3次印刷
规　格　710×1000　　开　本　1/16
印　张　10.25　　字　数　135千字
书　号　ISBN 978-7-5159-2156-3
定　价　29.00元

本书如有印装质量问题，可与发行部联系调换

PREFACE 自序

根据中国证券登记结算公司公布的数据，截至2022年2月份，我国的证券开户人数已经突破了2亿人。这么多人参与市场交易的根本原因，相信不是为了寻求刺激，也不是为了满足虚荣心，更不是为了多一些茶余饭后的谈资，他们进入股市的根本原因就是想要赚到钱。

毋庸置疑，金钱这个东西很多人都喜欢。正所谓追求财富是没有错的，只要是取之有道。正因为想赚钱，很多人首先就想到了金融市场。无论是股票市场、期货市场、外汇市场还是债券市场等，参与市场交易可以赚到钱的幻想，足以让人兴奋得睡不着觉。但是据我所知，几乎90%以上的参与者，不是因为在股票交易市场中赚到了钱而兴奋得睡不着觉，而是因为亏损带来的恐惧与悲痛使自己无法入眠。亏损的根本原因，我认为只有一个：那就是“太轻敌”了！

很多人做其他生意，从来都是谨谨慎慎、量力而行的。但是，在股市中做交易的时候，却是冒冒失失、随意而为，总觉得股市没有什么难的，不就是涨涨跌跌、买进卖出嘛。万一买错了，大不了一直持有，总有涨回来的那一天。殊不知，某些股票的股价不仅会跌得让人瞠目结舌，甚至有些还会被摘牌，消失得无影无踪。有些人总是抱怨自己命运不好：为什么别人买了就会涨，自己买进就会跌？有人愤恨市场不公：为什么机构总是赚钱，而我总是亏钱？在我看来，这既不是命运不顺，也不是市场不公，而是散户“太无知”！

众所周知，股市是一个高风险的交易市场，炒股自然就是高风险的行为。面对股市，如果不了解它内在的股价运行机理，不懂得市场变化的盘口语言，不控制市场的不确定性带来的风险，那么偶尔凭运气赚来的钱，必将在今后的交易中亏得一干二净！

诚然，股市中的散户是弱势群体，交易通道没有机构那么快速，资金没有机构那样庞大，消息也没有机构那么灵通，但这些绝对不是散户亏钱的理由。没有快捷的通道，可以提前预判股价的涨跌；没有庞大的资金，但可以跟随大势，与庄共舞；没有灵通的消息，但可以等待消息弱化，规避市场锋芒。总而言之，散户要想战胜市场，扭亏为盈并立于不败之地，方法只有一个：那就是要获得真正的炒股智慧！

说实在的，作为一个炒股老手，我自己也经历过散户成长的所有痛苦，清楚机构操盘者的大多控盘技巧与操作手法，更重要的是我知道市场的本质，了解左右股价变化的底层逻辑。大家经常把散户亏钱的原因归结为炒股知识缺乏。在我看来这并不完整，如果大家学非所用，那对于在股市赚钱而言是无益的。本书一不讲所谓的经济学，二不讲虚无缥缈的人性，三不讲复杂难懂、实则无用的交易技术，只揭示能够用来赚钱的方法。或许，这在有些人看来不符合经济学，不合乎人性，甚至过于简洁。但它有用，我想这就足够了！

为此，我将多年在市场中学到的知识和经验，总结成股市交易的十二堂必修课，并借助中国宇航出版社出版发行，希望大家用心学习这些交易技巧，早日实现自己的财富目标。

人生只是过往，愿大家平安幸福。朋友们，加油！

CONTENTS 目 录

第一堂必修课

如何选出大牛股

散户进入股市遇到的第一个难题，就是如何选出一只大牛股。说实话，在数千家上市公司中选出一只自己中意的股票，这可比选对象难多了。不过话又说回来，这两者之间依然有很大的共通之处。选对象一般看三点：一看长相，二看财力，三看人品。选股票也可以通过三个步骤来完成。

第一步：看大盘。

所谓看大盘，就是看大盘目前所处历史周期中的时间和空间点。简单地说，就是既要知道大盘什么时间涨，还要知道大盘到达哪个点位才开始涨。怎么做呢？现在把方法教给大家。

先教给大家判断大盘什么时间开始涨的方法。这里举个例子，大家看表1–1，这是张三一天24小时之内的作息时间表。

表 1-1 张三作息时间表

事 件	时间点
起床	8:00
洗漱	8:10
吃早餐	8:30
早班开始	9:00
吃午餐	12:00
午班开始	13:30
下班	18:00
吃晚餐	19:00
休息	24:00

那么，如果知道张三的作息时间，是不是就可以预测这个人在什么时间大概在做什么事？答案是肯定的。比如现在是8:30，就知道张三应该是在吃

早餐；如果现在是19:00，那张三应该是在吃晚餐。当然，也会有一些特殊情况导致预测错误，比如张三生病了，得了肠炎且刚做完手术，今天早餐和晚餐都不能吃，只能输营养液，那肯定就预测错误了。市场也是如此，也有预测出现偏差的时候，这个很正常。如果出现预测错误的情况，当然还有其他方法来避免这种错误并有效地控制这种错误带来的风险。这些问题在后续课程中再给大家讲解。

为什么要举这个例子呢？原因很简单：既然张三有作息时间，那么市场股价的变化有没有作息时间？答案依然是肯定的，大盘指数变化的确也有作息时间。知道了这个作息时间，就能够预测大盘在某年某月某日开始上涨，又在某年某月某日开始下跌。大家看图1–1，这是中国A股上证指数的历史走势图。大家仔细看，有没有发现这个走势图中隐藏着一个惊天大秘密，那就是市场指数变化的作息时间。当然，如果大家只是这样盯着看，即使望眼欲穿，也可能看不出这其中的奥秘。那么就要调整一下思路，用一些方法让这个秘密浮现在交易者的眼前。

首先得解决第一个问题，即确定大盘的作息时间。大家知道，前面所说张三的作息时间，指的是以24小时（也就是一天）为周期的。那么市场大盘指数的变化作息时间又是以多长时间为一个完整的周期呢？答案是4年。怎么得出的这个结论，当然是做试验。这就好比诺贝尔医学奖得主屠呦呦女士发现青蒿素的过程，需要一个配方一个配方地去试。当然，这个工作笔者已经帮大家完成了，大家如果感兴趣的话，可以亲自去验证。

明确了大盘指数变化是以4年为一个完整的时间周期，接下来用红、黄、蓝、紫（图中用汉字标注）四根线对每一年的1月1日这一天进行标注，如图1–2所示。

从图中看到，通过红、黄、蓝、紫四根线，把4年这一完整的时间周期划分为四个区间，分别是：红线与黄线之间的区间（1994年1月1日到

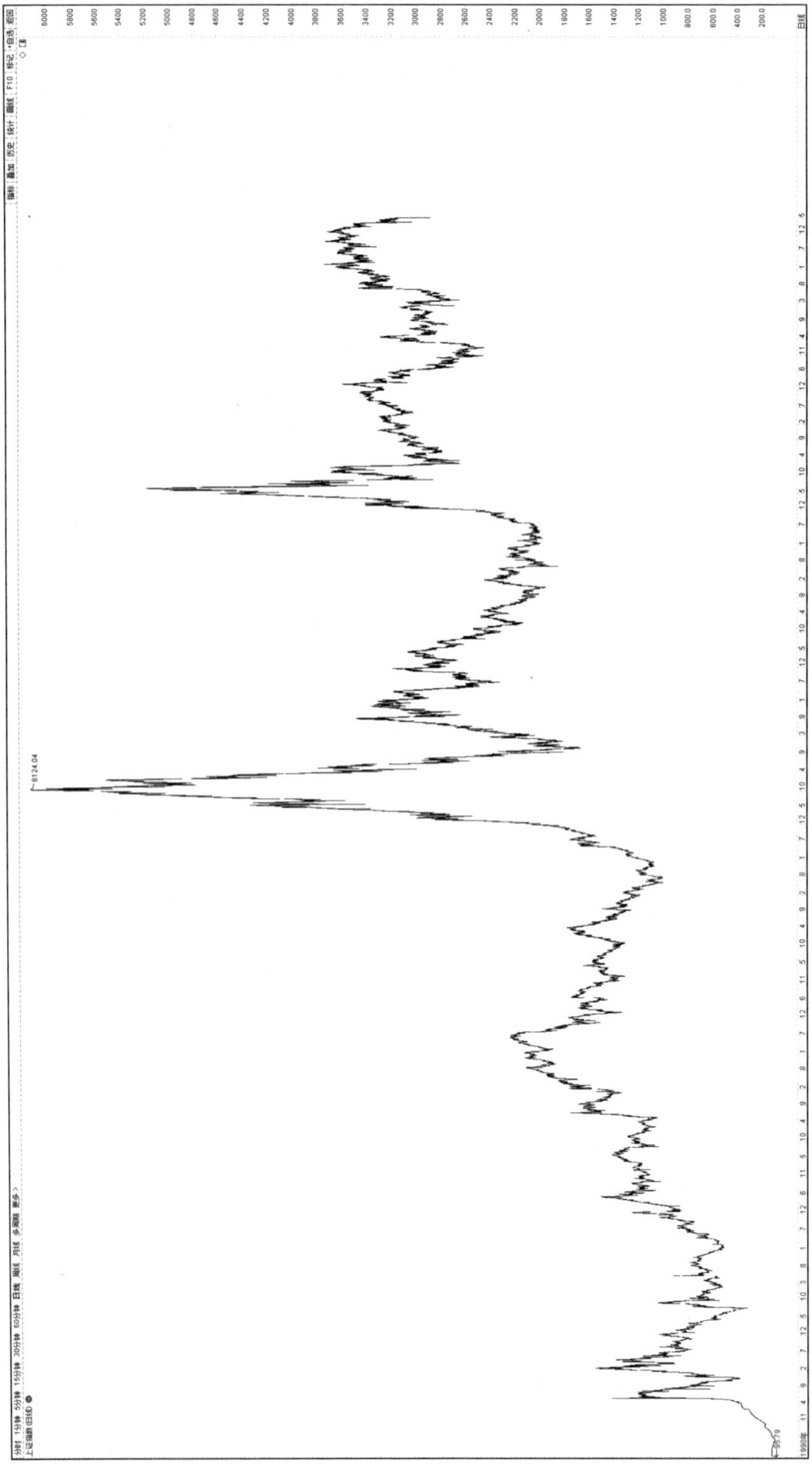

图1-1　上证指数历史走势

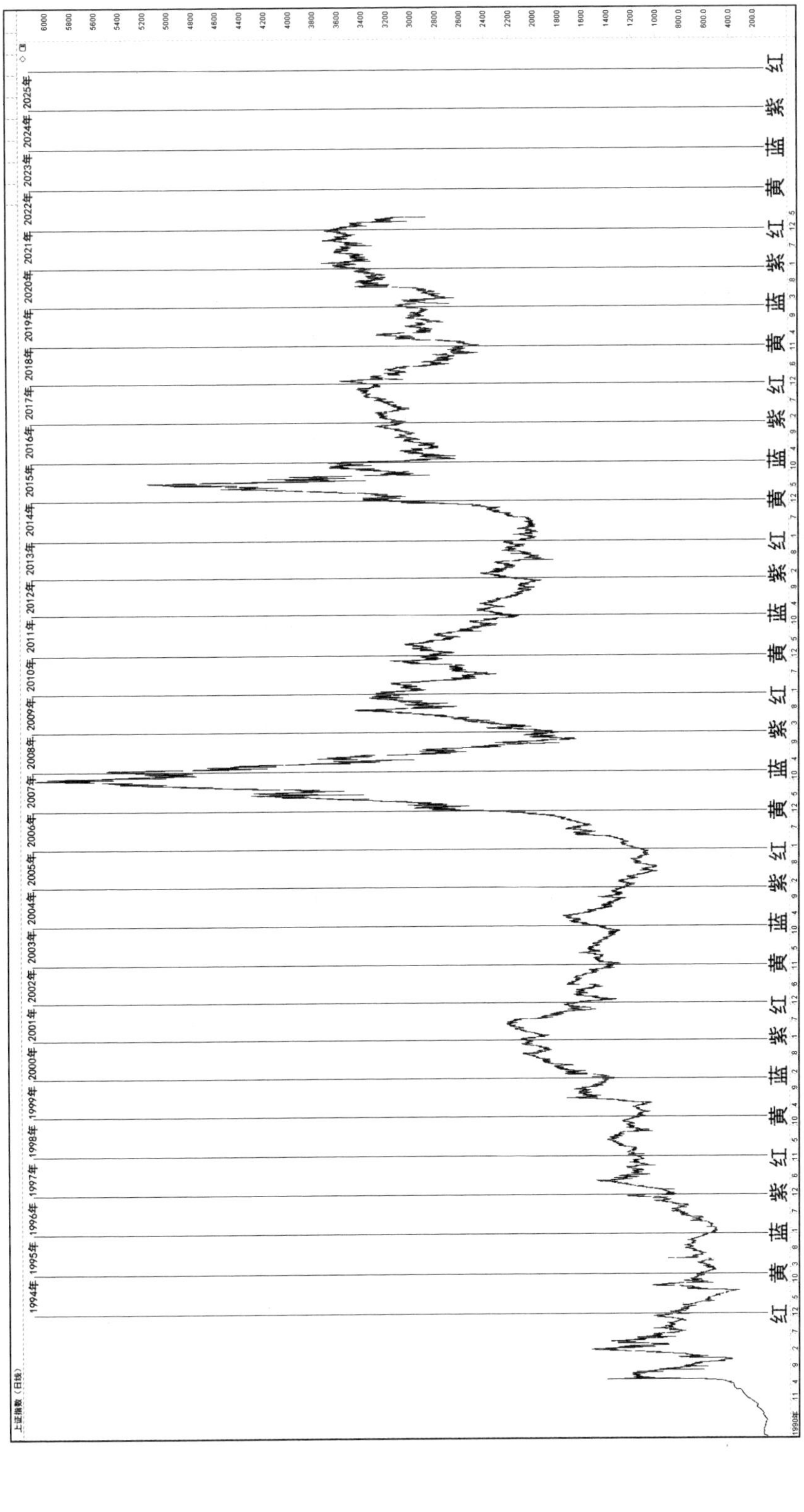

图1-2　确定大盘运行周期

1995年1月1日），黄线与蓝线之间的区间（1995年1月1日到1996年1月1日），蓝线与绿线之间的区间（1996年1月1日到1997年1月1日），绿线与红线之间的区间（1997年1月1日到1998年1月1日）。以此类推，可以一直延伸到所要预测的年份。

然后，在这四个区间中，用数字把主要的顶部与底部标注出来，如图1–3所示。从图中看到，以4年为一个完整的时间周期，其中总共有10个主要的顶部和底部，也就是有10个关键的作息时间节点。仔细看这些作息时间节点，就会发现它们具有精准的预测价值。现在就是见证奇迹的时刻！大家来看，数字4这个时间节点是不是每次都出现在黄色线与蓝色线正中间稍微偏向黄色线的部位，而数字5这个时间节点每次都出现在非常接近蓝色线的位置。

通过图1–3，不仅能清楚地知道每一个时间节点的特征，随着时间的推移，还可以明确预测接下来大盘变动的时间拐点。比如，可以马上知道2022年上半年会有一波上涨行情（通过拐点1到拐点2的走势来判断），下半年一直到年底都将是调整走势（通过拐点2到拐点3的走势来确认）。同时，2023年年初到2023年四五月份将会有一波上涨行情（通过拐点3到拐点4的走势来判断），2023年下半年又将是一波调整（通过拐点4到拐点5的走势来确认），如图1–3所示。以此类推，只要股市还在，这个时间节点的规律就不会改变。

至此，对于2022年的股市行情来说，得到了第一个有价值的信息，明确2022年上半年会有一波上涨行情。由于2022年下半年直到年底都将是调整格局，所以大家一定要珍惜2022年上半年的这次上涨机会。如果错过了这个机会，那就耐心等待2023年上半年的上涨行情即可。当然，还有2024年（拐点5到拐点6）以及2025年下半年的上涨机会（拐点9到拐点10）。至此，股市作息时间的问题已经解决。接下来解决第二个问题，那就是上证指

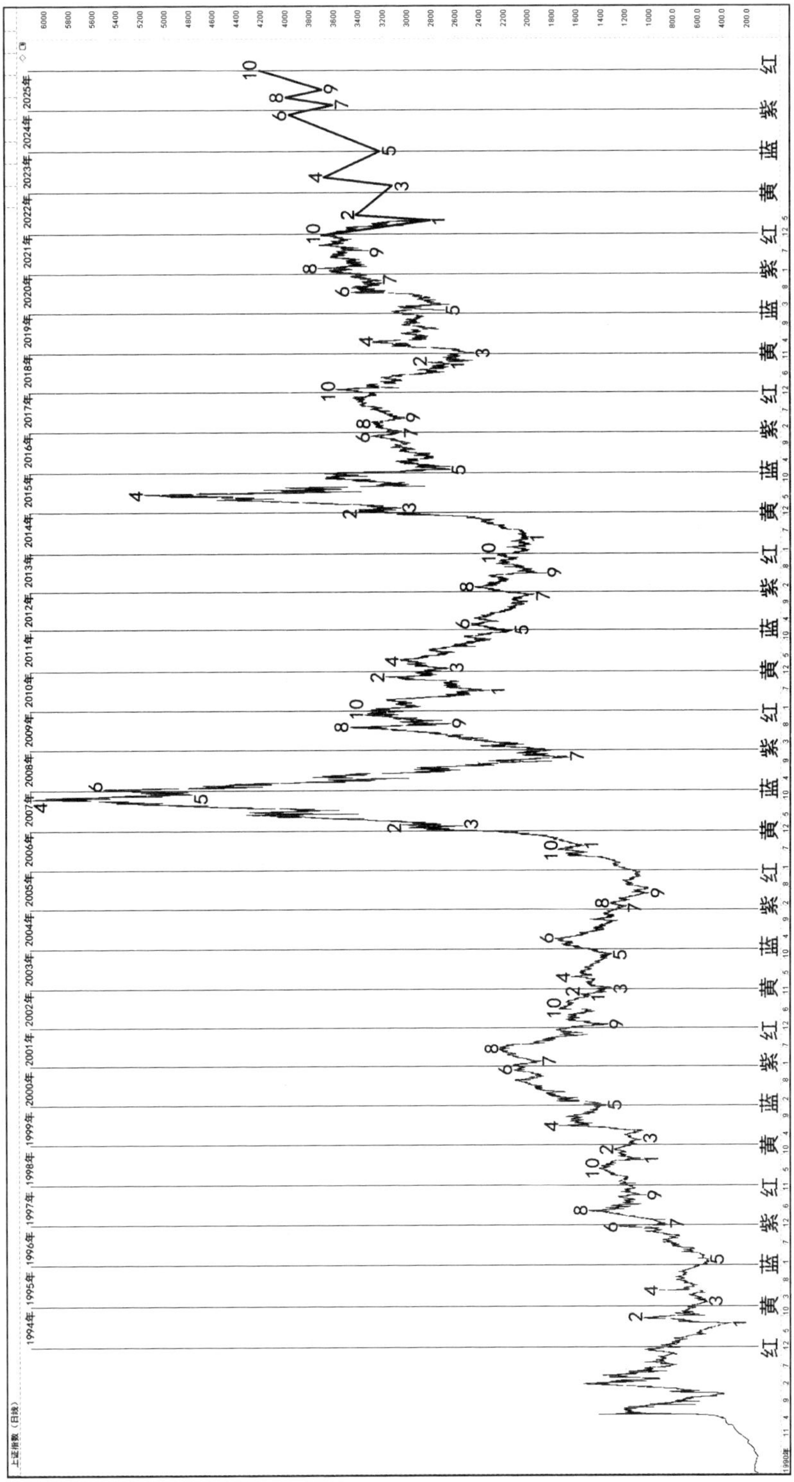

图1-3 预测大盘未来时间的走势

数本次调整要调整到什么价位才会展开上涨？

继续为大家揭秘。有人说市场股价的变化是随机的，无序的，甚至是杂乱无章的。事实并非如此，在这看似无序的市场中，隐藏着固有的一种秩序。这种秩序早在80多年前就被一位美国的财经学者拉尔夫·纳尔逊·艾略特先生发现，这就是人们今天所说的艾略特波浪理论。关于这一理论的详情，大家可以参考艾略特先生的原著或者笔者前些年写的《艾略特波浪理论入门、精通与实战》（中国宇航出版社出版）等书。

艾略特波浪理论认为，股票价格的变化总是遵循5浪驱动模式，如图1-4所示。既然股票价格的内在变化结构是固定的，那么只要找到中国股市的历史起点，然后一浪一浪地去数，就可以知道当下国内股市在整个大历史周期中所处的具体位置，也就解决了上证指数本次调整到什么价位才会展开上涨的问题。

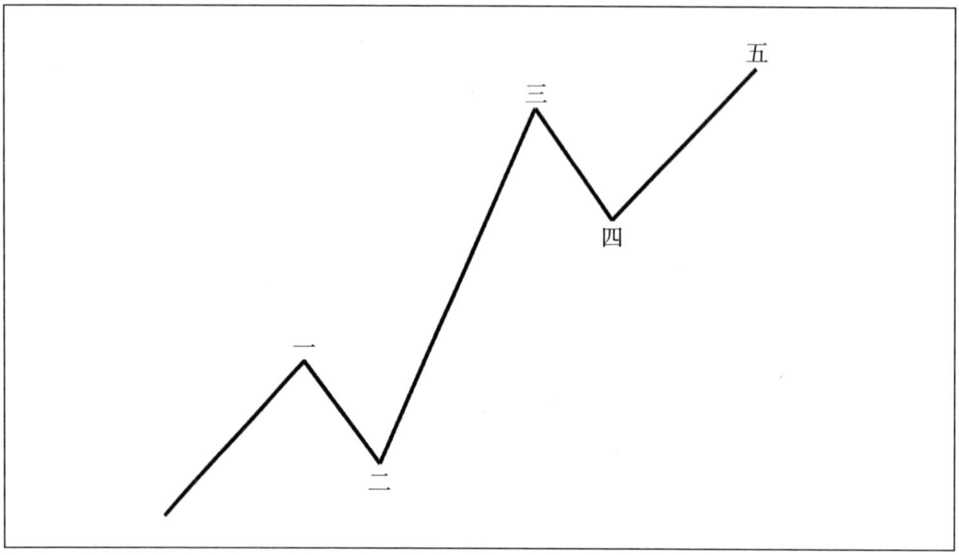

图1-4 波浪理论

当然，这些工作笔者已经帮大家做完了，接下来继续为大家揭秘。如图1-5所示，从图中看到，笔者所确认的国内股市的历史起点是1994年7月29

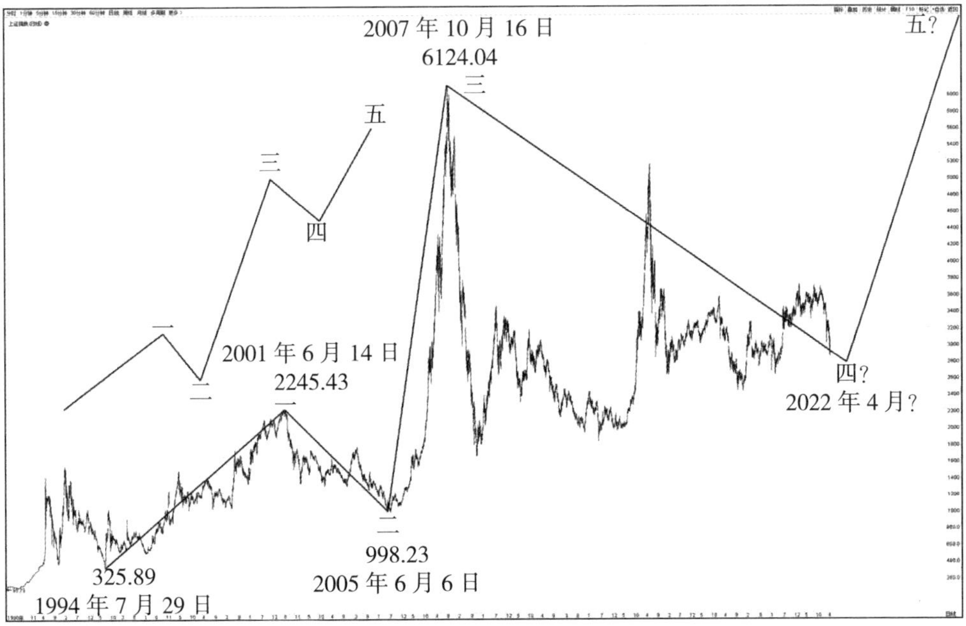

图1-5　波浪理论在上证指数的运用

日的325.89点，并非1989年开始试点的历史起点。原因是这样的，在1994年之前，国内股市的合法性并没有确立下来。因为中国是社会主义国家，社会主义国家能否有资本市场，这是一个政治问题。当时，邓小平同志拍板说可以先试，试得好就上，试得不好关掉就可以了。随后又发生了震惊国内外的327国债期货事件，直接导致期货市场被整顿，而股票市场则得到了政策扶持并由此发展起来，所以1994年7月29日的325.89点足以载入史册，因为从这一天开始，直到2001年6月14日的2245.43点结束，中国股市迎来了为期7年也是历史上第一波持续时间最长的牛市行情，将这一波行情标注为第一浪。随后展开了为期4年的熊市行情，这也是中国股市历史上第一次真正意义上的股灾行情，把这一波标注为第二浪。凡是经历过第二浪洗礼并站稳的人，都在随后的大牛市中赚得盆满钵满。

从2005年6月6日的998.23点开始，短短两年多的时间，中国股市就翻了6倍之多，指数最高到达了2007年10月16日的6124.04点，把这一波标注为第三浪。这第三浪可不简单，不仅可以称为真正意义上的大牛市，而且大众的疯狂程度到目前还有丝丝回响。

随后，中国股市进入长期调整状态，虽然这期间也出现过像2013年到2015年那样持续时间较长的疯牛行情，但是股市并没有再创出新高。当下中国股市的历史最高点位依然是2007年10月16日创下的6124.04点。所以，直到现在，国内股市仍然处于整个大历史周期的第四浪之中。这第四浪的变化结构是波浪理论21种调整模式中的对称三角形。如图1–6所示。

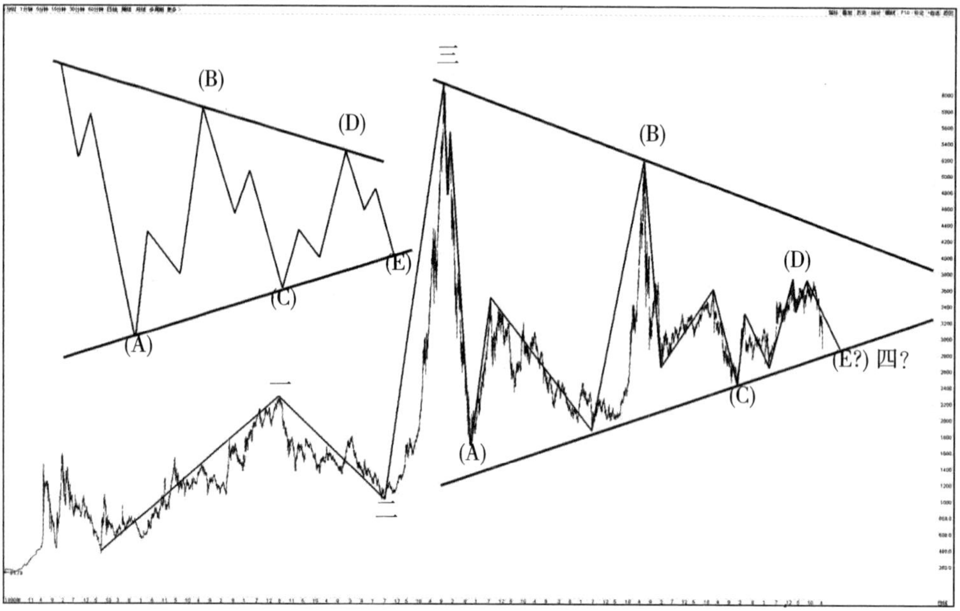

图1–6 对称三角形调整

从图中看到，对称三角形有5个浪，每一浪的内部结构都是3浪结构。根据这个特征进行标注，就会发现目前国内股市正处于这个对称三角形5浪调整模式的最后一浪（E浪）之中。这个E浪本次的运行目标位在2800点到2850点之间，随后大盘将展开第五浪的拉升走势，并最终再创历史新高，也就是突破2007年10月16日的6124.04点。尽管这个突破需要一点时间，但最终必然会实现。

大家注意，市场的结构就是如此，这是由市场的本质规律决定的。至于在什么时间突破，这需要由市场基本面或者说整个经济大环境来决定。大家切记不可生搬硬套，只要大家把这个结构牢记于心，顺势而为即可。

至此，可以得出国内股市在整个大历史周期中的时间和空间点如下：

中国股市本次将在到达2800～2850点这一区间之后，在2022年上半年会有一波上涨行情。

这次上涨就是传说中的中国股市大历史周期中的第五浪的开始。注意，不是说大盘要直接去创新高，只是大盘会有一波上涨而已，但这个上涨将是大历史周期第五浪开始的一部分。朋友们，让我们一起来见证历史！在见证历史的同时，要想选出大牛股，还有两步要走。

接下来看第二步。

第二步：选板块。

通过第一步看大盘，已经明确了大盘上涨的时间点与空间点。有人会说，等到时空点来临后直接买不就可以了吗？当然不行，原因是这样的，尽管在大盘上涨的时候，几乎所有的股票都会逐步开始上涨，但每只股票在一波牛市中的上涨速度与幅度完全不同，有些股票在一波牛市中可能翻了好几倍，而有些股票却只涨了一丁点。

如图1-7所示，从图中看到，在2006年到2007的疯牛行情中，钢铁及有色金属这个板块中的股票酒钢宏兴翻了9.6倍，但同时期日用消费板块中的西王食品，股价只涨了1.9倍，如图1-8所示。那么，同样是牛市中的上涨，两者之间的涨幅差距怎么就这么大呢？这就与本堂课要说的板块有直接关系。

大家知道，在2006年到2007年的股市大疯牛时期，有色金属、煤炭、钢铁、金融和地产等板块，当时被称为是牛市的“五朵金花”，这些板块上涨的幅度与速度当然就遥遥领先了。食品及消费品板块一般在熊市中大涨，在牛市中往往表现一般。所以说，当确认大盘要开始上涨之前，选好板块至

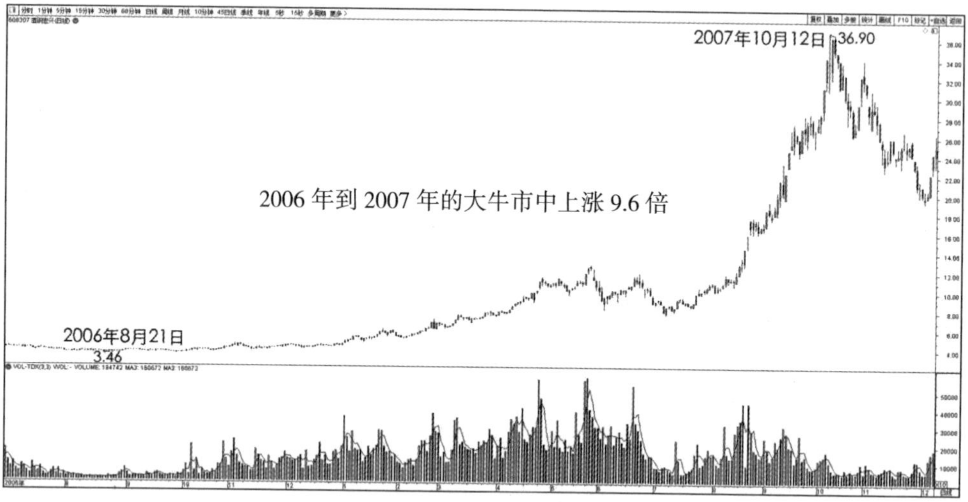

图1-7　酒钢宏兴日K线图

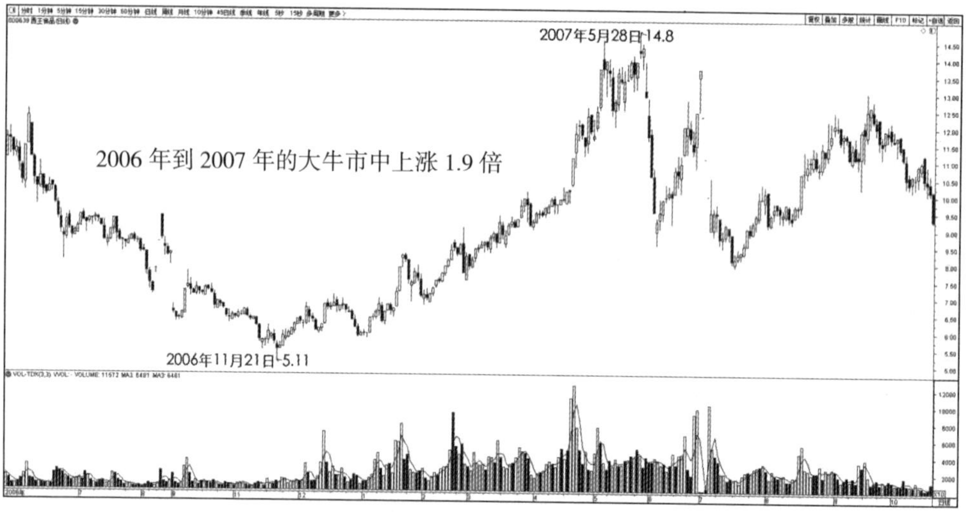

图1-8　西王食品日K线图

关重要。

同时，还有一点，也是核心，这就是股票的内在价值。一只股票价格要涨，首先它必须得有内在的价值。如果这只股票面临退市，则说明它的价值几乎为零。大家不要说ST股有保壳的机会，可以炒作，朋友们，时代变了！以前公司一旦成功上市就像拿了免死金牌，但现在国家正在推行全面注册制，上市已经不是什么稀罕事。以前疯狂炒作保壳概念的玩法已经一去不复返了，未来的交易一定要建立在价值投资的基础之上。

那么，这里所说的选板块，其核心思想就是要选择有投资价值的板块。纵观整个经济史，其实就是一部工业变革史。每一次社会的变革与发展，都是科技驱动的结果。从第一次工业革命开始到现在，已经进入到了第四次工业革命时期。随着第四次工业革命的展开，全球将逐步进入到智能化的时代。无论是从生产端、销售端还是到消费终端，人们所能看到的一切都将发生质的改变。所以，半导体、机器人、智能制造、5G、大数据、云计算和物联网等这些工具或者业态，都是这个时代的产物，经济活动也必然由此前的老旧业态向这些新的业态转移。那么，资金流向哪里，哪里就一定有赚钱的机会，所以这些板块就是交易者在买股票时所要考虑的焦点。

与此同时，智能化的时代正在经历一场能源革命：高污染型的老旧能源体系将逐步瓦解，新能源（如太阳能、地热能、风能、海洋能、生物质能和核聚变能等）将成为这个时代的主力。因此，与新能源相关的运输、储能设备等板块必将受到资金的青睐，所以，这些板块也在交易者的考虑范围之内。

不过，任何时代的变迁必将引发地缘的波动，所以，以医药、军工、金融、贵金属和食品消费等为代表的防御性板块，将长期成为市场的中坚力量，值得关注。

其实，选择一个好的板块并不难，交易者应主要把握住那些热点及朝阳产业，尽可能地避免选择那些老旧及夕阳产业即可。当然，这些板块并不是同时爆发，而是此起彼伏，各自成为某个时间段的焦点。交易者应该主动关注每一天市场板块的变化，对近期的热点板块持续关注，这样就不会错过每一次板块爆发的机会。选好板块之后，大家就会发现，每个板块中少则有几只多则有上百只股票，对于这么多股票，交易者该怎样选择呢？这就是笔者要说的第三步，挑个股。

第三步：挑个股。

所谓挑个股，就是要从选择好的板块中挑出上涨潜力最大、上涨速度最快的那些股票。那么，符合什么条件的股票上涨速度最快呢？当然是龙头股。

每一个板块都有这个板块的龙头企业，这些龙头企业的股票就是所谓的龙头股。俗话说得好，火车跑得快，全靠车头带。一只股票既然能成为这个板块中的龙头，说明这家企业的综合实力一定是最强的。一旦这个板块开始爆发，那么，最先发力的往往就是这些龙头股。

如图1–9所示，从图中可以看到，在2014年到2015年的牛市行情中，互联网金融板块成为焦点，这个板块中的龙头企业东方财富在这波牛市行情中涨幅高达16倍。在中美爆发贸易摩擦时期的2020年到2021年的小牛市行情中，稀土永磁板块成为热点，这个板块中的龙头股票北方稀土涨幅高达6.9倍。如图1–10所示。

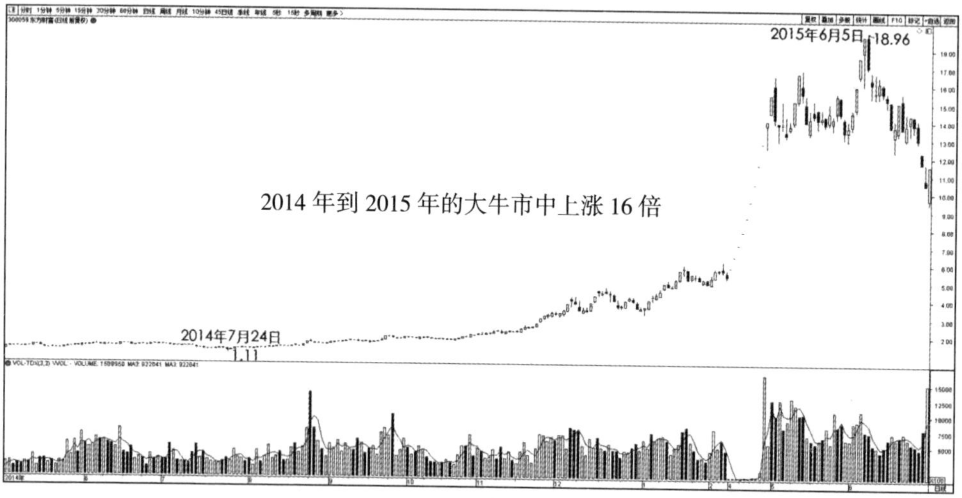

图1–9 东方财富日K线图

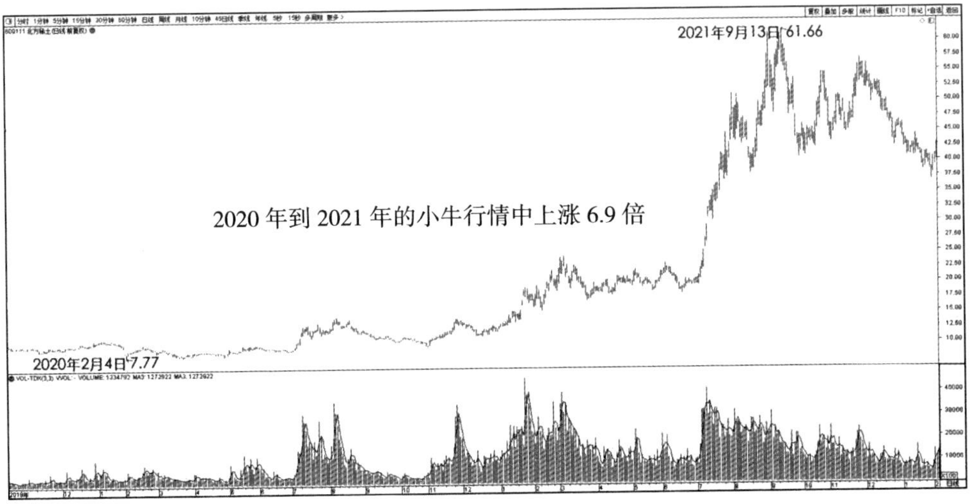

图1-10　北方稀土日K线图

当然，有时候一些龙头型的超级大盘股的上涨速度及幅度可能没有同时期的中小盘股那么亮眼，但是，尽可能地选择龙头股持有，相对来说更加稳妥一些。中小盘股更容易快涨快跌，对于散户朋友们来说，稳健且持续地盈利才是最佳的制胜之道。

朋友们，本堂课中所讲的三步选出大牛股：第一步看大盘，看的就是大盘真正的拐点有没有到来，核心是把握市场的大方向，这一点千万不能出错；第二步选板块，选的就是与时代同步的热点，是在当下及未来都有发展潜力的行业，核心就是顺应科技和社会发展的大势；第三步挑个股，是要挑出那只最稳健、最强势、最有投资价值的潜力股，核心就是要找出板块中的那只领头羊。

一只股票会不会涨，关键是看这只股票有没有炒作的价值。简单地说，就是看主力愿意不愿意操作这只股票。如果一只股票本身没有什么价值，公司做的是夕阳产业，发展毫无生机，业绩报表非常糟糕，公司管理混乱，经常爆雷，这样的公司主力肯定看不上。通过本堂课的选股三步骤，就可以和主力的眼光基本同步。另外，主力在拉升一只股票时，也要看大盘的动向。

如果大盘持续大幅走低，一点反转的迹象都没有，暂且不说主力能不能拉得动，就算主力控盘程度非常高，一边是持续走低的大盘，一边是不断上涨的个股，如果你是市场监管人员，你会怎么看这只股票。作为控盘主力，逆市拉升岂不是自己找麻烦！主力要根据大盘的动向和板块热度来顺势炒作，就显得更加自然，更加顺理成章，而且不易被监管机构察觉，何乐而不为呢？这些正是本书选股三步骤的奥秘所在。

当然，通过这三步选出来的股票，大家千万不要挑出来就直接购买，而是要把这些股票在自己的股票池中放一放，观察一下买进的时机。为什么？因为要想让猪飞起来，必须等待出现风口。一只股票无论综合实力有多强，如果没有主力进驻和炒作，它永远都没有大涨的希望。那么，如何判断主力何时入场呢？关于这个问题，下一堂课再为大家详细揭秘。

第二堂必修课

如何判断主力入场

有人说，是金子总会发光的，是牛股就必然会上涨。这话听起来没有毛病，但并不完整。股市是什么？股市是由股票的买者和卖者双方构成的交易市场，是资本的角力游戏，是博弈的丛林，是弱肉强食、适者生存的道场。股市并非简单的经济活动，也不是经济的晴雨表，说经济是股市的晴雨表或许更为恰当。股市中的牛市是主力借助经济表现有预谋的一次从上涨到出货赚取其中差价的过程，而股市中的熊市则是主力出场之后散户们集体自相踩踏造成股价快速大幅下跌的惨剧，这才是股市的本质。所以，不能说是金子就会发光，金子被深埋地下，将永无发光的那一天。也并非牛股就必然上涨，主力不来，想涨也涨不上去！

这就是股市最残酷的真相！不管你承认也好，不承认也罢，股市就这样日复一日、年复一年地运行着。没有主力参与的股票就像一潭死水，永远没有希望。只有主力持续不断地介入，这潭死水才能够蓄势爆发，最终汇聚成奔涌而出的激流。作为股市中的散户，只有面朝大海的方向，才能拥有诗和远方。那么，如何判断主力何时入场？本堂课就把方法教给大家，请听笔者细细讲来。

主力从来都不会在高位入场，主力喜欢在低谷进场，在别人恐惧的时候，他们反而会变得疯狂。主力从来都不会逆流而行，大盘触底反弹，基本面的情况好转，他们也在等待方向发生转变，顺风的时候他们才会扬帆启航。主力从来都不会进行没有把握的博弈，筹码只要没有集中在自己手里，他们绝不轻易拉涨。主力并不神秘，他们也在等待股价跌到低位，也在等待基本面情况好转，等待大盘触底反弹。他们会在大盘止跌企稳时悄悄地收集低价筹码，待时机成熟才会让股价爆发。

尽管很多人认为主力很残暴、很狡猾也很乖张，但是，再狡猾的狐狸也逃不出猎人的眼光。这里就有个简单的方法，可以让主力露出尾巴：这就是黄金三角。

在主图中调出移动平均线指标，当发现5日均线由下向上穿越10日均线形成第一个交叉点，随后5日均线由下向上穿越20日均线形成第二个交叉点，最后10日均线由下向上穿越20日均线形成第三个交叉点，此时，三个交叉点的连线就构成了一个封闭的三角形形态，这就是黄金三角。如图2–1所示。

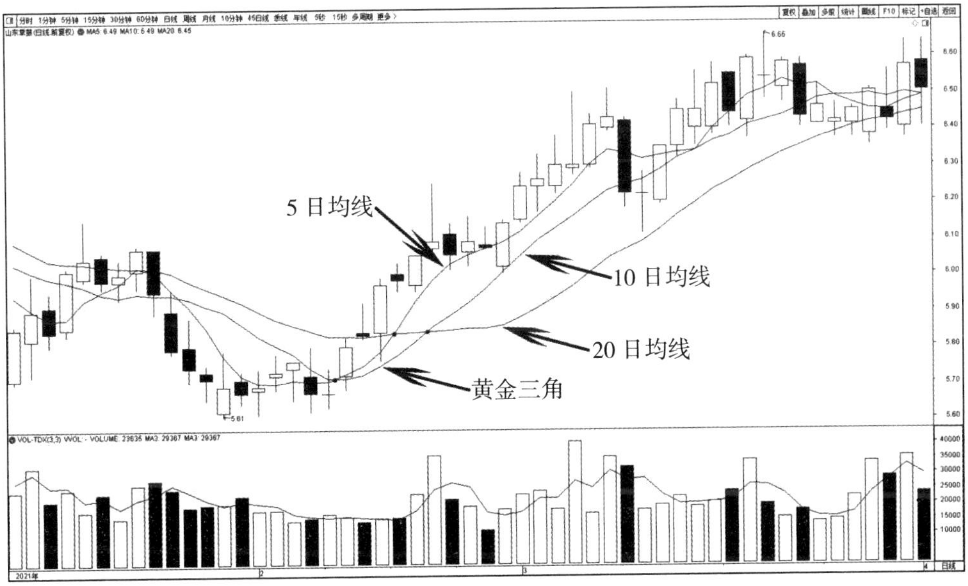

图2–1　黄金三角形态

黄金三角一旦形成，即可确认主力开始入场。当然，并不是说主力看到黄金三角才选择入场，而是主力的入场行为刚好成就了黄金三角这个形态。黄金三角的形成过程也进一步揭示了主力入场的底层逻辑。

当一只股票经过长期下跌或者经历较大幅度的调整之后，此时空方抛压逐步减弱，多方开始试探性地进场，从而推动股价缓慢回升。随着股价的回升，5日均线自下跌以来第一次上穿了10日均线，这说明5日内买入的人愿意用超过10日内的平均股价去追涨，那么，这只股票的短期需求就会大于供给。在盈利示范效应的带动下，又有新的交易者进场买入。捂住不卖就能多赚钱，这种意识又鼓励持股者继续持股。这个时候，这只股票的整体形势就开始朝着有利于多方的趋势发展。没过多久，5日均线上穿20日均线，使得20日内买进股票的人也开始盈利。该股票短期上涨的消息继续鼓动人们买进这只股票，同时也鼓励持股者继续持有该股。此时，这只股票的需求量就会急剧增加，而供给量却越来越少。终于有一天，10日均线上穿了20日均线，三条均线封闭成一个黄金三角，这使得盈利的人群扩展到5日持股者、10日持股者以及20日持股者。在这种循环被持续强化之下，三条均线将向上形成多头排列，这就代表着一波牛市开启。

只要没有形成黄金三角，就说明主力没有入场，散户切记不要盲目抄底，更不要被市场中充斥的任何杂乱消息蛊惑而尝试买入。有时候，表面上看是散户管不住自己的手，其实更深层次的原因则是散户没有一个明确的指引，根本不知道该在什么情况下买入。黄金三角形态既简单又明确，从根本上解决了散户不知道何时入场的困扰。

如图2-2所示。协鑫集成这只股票从历史高点4.89元一直下跌到2.86元才得到支撑，随后展开了真正的上涨行情。但很多散户在图中熊市下跌的小幅反弹处就已经入场，在随后的继续走低过程中要么深度被套，要么割肉出场，何其痛哉！其实，真正的入场时机则是在黄金三角形成之后。

在股票市场中，无论是官方媒体渠道，还是财经自媒体、股评家、经济学家、散户等，都普遍认为股市好坏是受到经济基本面影响或决定的，经济向好，股市就涨；或者简单地说，经济数据公布得好，股市就涨，反之则跌。即使社会经济基本面的好坏与股市涨跌这种情形相关性不强，有人也会以两者之间存在相对滞后性为由加以掩饰。这种粉饰真是大错特错了，简直就是滑天下之大稽。这种无用的说法，毫无疑问是在掩饰股市的本质，在隐藏股价波动的真相，遮掩股价从底部上涨到顶部转势下跌整个过程的底层逻辑。

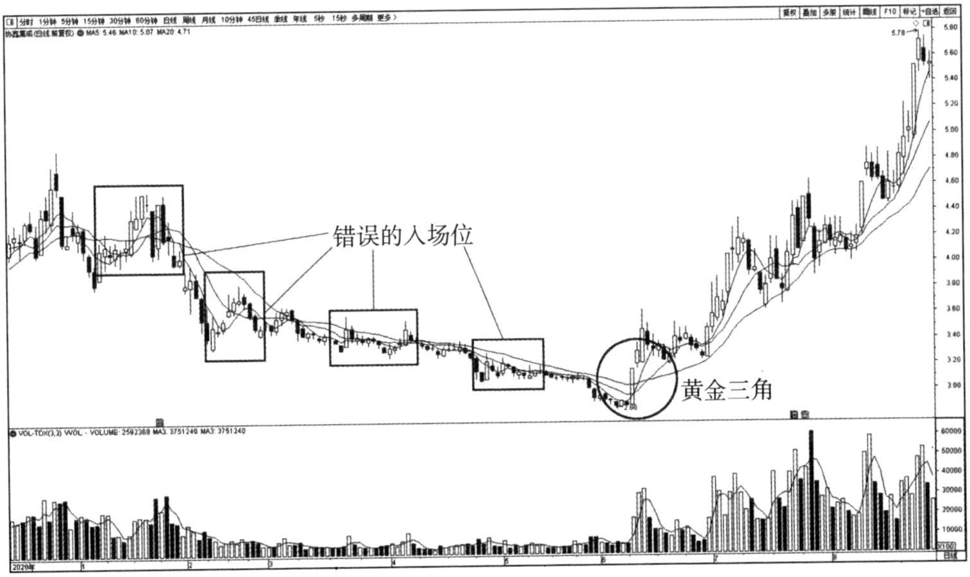

图2-2　协鑫集成黄金三角形态

股市的真相就是市场为企业融资而生，因为在二级市场流通的股票只能转让，不能找公司赎回，所以，交易者只能在股市进行击鼓传花的游戏。股价波动的真相就是只要主力资金充足，就能将某只股票的流通筹码集中到一定程度，这样就可以操纵股价的涨跌，时刻波动的股价不过是那个点位买卖双方成交的价格。

举个极端的例子，如果主力将某只股票的所有筹码全部集中到自己手里，这只股票的前收盘股价是100元，按照10%的涨跌幅限制，主力就可以在90元到110元这一股价区间的任何价位挂出卖单，只要有人在这个区间任一价位买了，那么，这个成交价就是股票的即时股价。这就是主力集中筹码的本质。当然，筹码不可能达到绝对集中，但本质就是如此。那么，主力想要赚钱，就会在底部尽可能多地收集筹码，当筹码集中度达到一定比例时，主力就会向上拉升股票价格，并且在上涨过程中逐步派发筹码。当主力在高位将筹码全部派发完成后，股价就会像自由落体那样开始下跌。当跌到一定程度之后，主力再开始收集筹码，然后再拉涨派发，这种循环是不可能改变的。当然，主力在拉升股价时，也会关注市场热点、大盘趋势以及上市公司的内在价值。他们之所以看这些的因素，不是说他们拉不动股价，而是通过这些所谓的基本面利好，尽可能地掩饰自己难看的吃相和割韭菜的本质。

那么，散户要想赢，首先就得知道股市的本质，然后要站在主力的角度思考问题，尽可能和主力的操盘步伐保持一致。与庄共舞，方能取胜。

黄金三角形态就是一个标志，给大家提供一个简单又明确的信号指引。换句话说，如果黄金三角都没有形成，主力是不可能入场的。大家可以随便看一只股票，只要是一波牛市，必然有黄金三角的身影。当黄金三角形成时，还要立即看一下筹码分布情况，以便综合判断主力入场之后的其他动作。那么究竟什么是筹码，应该怎样识别筹码的分布，关于这些问题，接下来详细讲解。

所谓筹码，其实就是交易者在不同价位所持有的某一只股票流通股的数量。一只股票在不扩容、不增发或者非流通股不解禁的情况之下，它的流通股数量是固定的，谁拿到了足够多的筹码，谁就对该股票的股价拥有了话语权。这就好比占有一家公司超过51%的股权，就拥有了对公司的控制权，可以修改公司章程，解散董事会，甚至决定该公司的生死。股市股价的涨跌过程必然伴随着筹码的交换，而股价在主力的主导之下进行的每一次波动，都必然伴随着市场参与者对筹码的争夺之战。

为了能使大家完全理解筹码，现举一个简化的例子。假如一只股票只有10万股，买入这只股票的交易者只有张三、李四和王五这三个人。前一天股价在10.6元收盘时，这三人在不同的价位持有的该股票的数量如表2-1所示。因为筹码就是股票持有者在不同价位所持有的股票数量，所以从表中看到持股筹码就等于持股数量。

表 2-1　持有筹码示例

持股者	持股股价（元）	持股数量	持股筹码
张三	10.1	1 万股	1 万股
	10.2	2 万股	2 万股
李四	10.3	1 万股	1 万股
	10.4	2 万股	2 万股
王五	10.5	1 万股	1 万股
	10.6	3 万股	3 万股

接下来，将表2-1所示的三人持有的筹码情况转化成筹码峰图形，如图2-3所示。

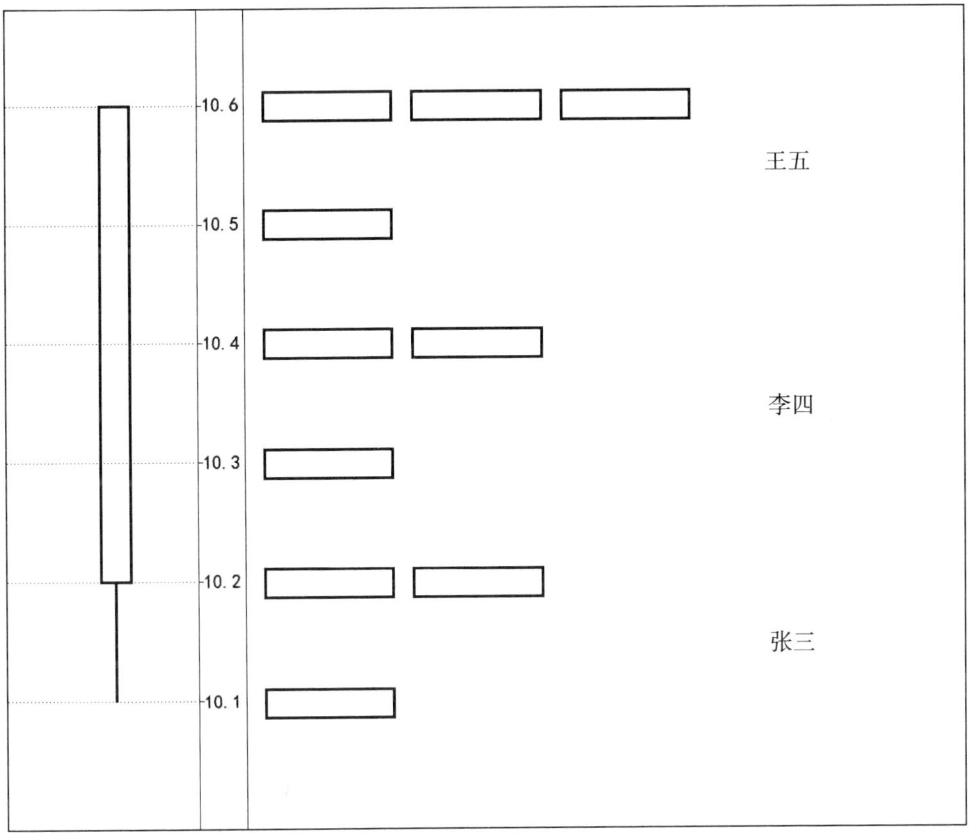

图2-3　筹码峰图形

假如第二天王五在10.4元卖出1万股，刚好被李四全部买走。同时，王五还在10.2元卖出3万股，刚好被张三全部买到。这个时候这只股票的持有者只剩下张三和李四两个人，他们的持股数量及筹码情况如表2-2所示。筹码变动情况如图2-4所示。

表 2-2　持股数量变化

持股者名称	持股股价（元）	持股数量	持股筹码
张三	10.1	1 万股	1 万股
	10.2	5 万股	5 万股
李四	10.3	1 万股	1 万股
	10.4	3 万股	3 万股

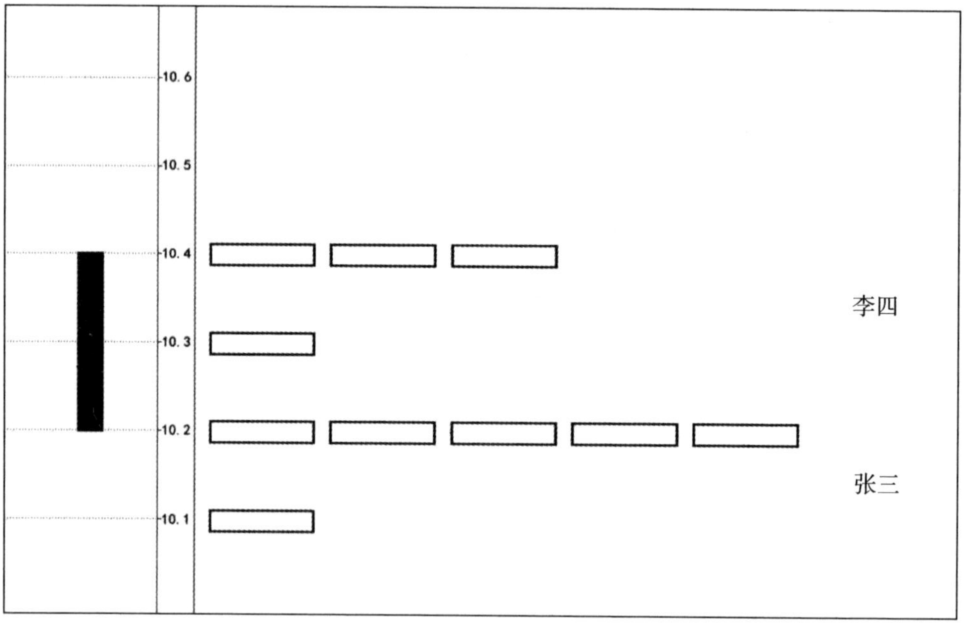

图2-4　筹码分布的变化

此时，这只股票的筹码分布情况如图2-4所示。这张图与图2-3所示的图形比较，可以看到，一方面筹码从王五向张三和李四的手中分散流动。同时，也可以看到筹码从原来的王五在10.6元所持有的3万股峰值向现在的张三在10.2元所持有的5万股峰值集中，这就是筹码的分散流动和筹码集中的概念。

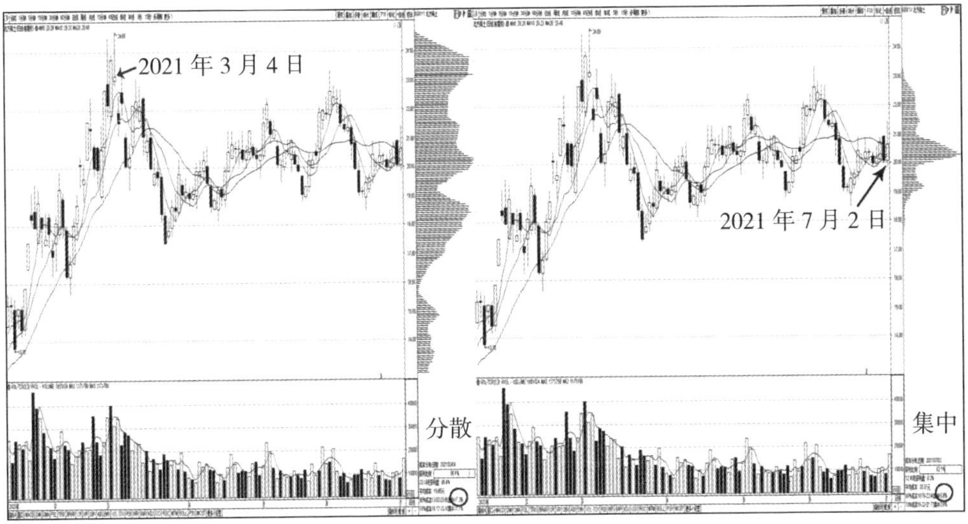

图2-5　北方稀土筹码峰的变化

现实中，如图2-5所示的北方稀土这只股票，在2021年3月4日筹码还非常分散，但到了2021年7月2日筹码就非常集中了。这是从形态上直观识别筹码分散与集中的方法。当然，更加精确的方法是通过数据来确认筹码的集中情况。

如图2-6所示，在每一个看盘软件的筹码图形下方都会有一些数据，其中90%的筹码集中度数据是辨别该股票筹码集中情况的最佳依据。这个数据理论上在0到100之间变化，当该数据逐步变大时，说明筹码趋向分散，对应的筹码集中度就变低；当该数据逐步变小时，说明筹码趋向集中，对应的筹码集中度就高。筹码集中度是一个相对的概念，不能说筹码集中度达到具体的哪个数值，就说明筹码绝对集中了。因为无论是哪种看盘软件，都没有办法直接从交易所拿到所有个股账户的结算信息，所谓的筹码都是根据换手

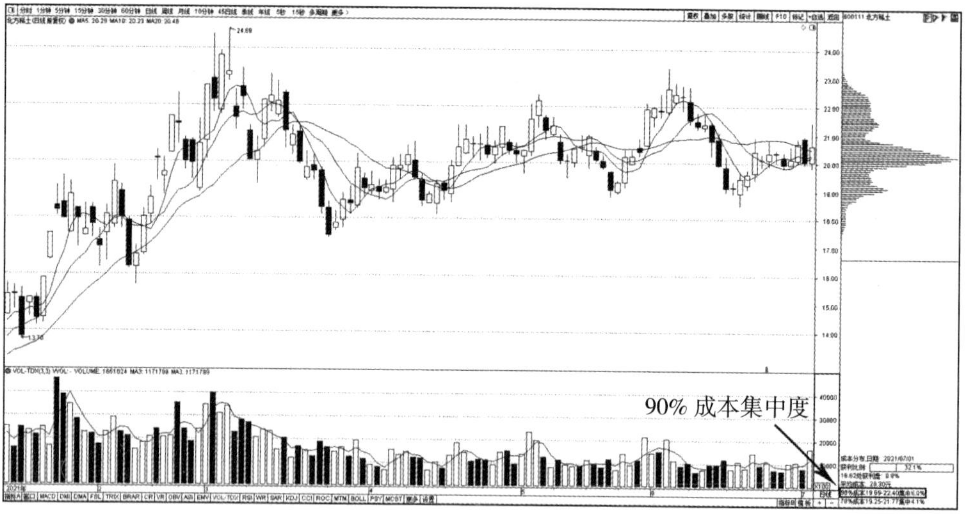

图2-6 筹码集中度示例

率递减原理测算出来的一个近似值。因此，在判断一只股票的筹码集中情况时，一定要结合筹码分布图的形态和集中度数据来共同确认。一般情况下，10%左右是一个不错的参考值。

至此，知道黄金三角形成时主力已经逐步入场了。那么主力入场之后是不是会立即拉升股价呢？其实不然。主力虽然入场了，但此时可能还有相当一部分筹码分散在散户的手里，所以主力必须通过短期炒热这只股票的方式，吸引场内外散户群体重新关注这只股票。

如图2-7所示，图中形成黄金三角时，北方稀土这只股票的筹码还是比较分散的。此时大家就应该清楚了，为什么说形成黄金三角是主力开始入场的关键信号，那就是因为形成黄金三角，刚好说明无论是5日持股者、10日持股者还是20日持股者都开始有盈利，就短期而言，这只股票开始变得热起来。这正好反映出主力最真实的想法，那就是尽可能多地把场内外散户吸引过来。

当越来越多的散户被吸引过来之后，主力开始了它最卑鄙的表演。此时大家就会发现，股价经过短期的上涨之后，就在散户们欢呼雀跃地以为股价

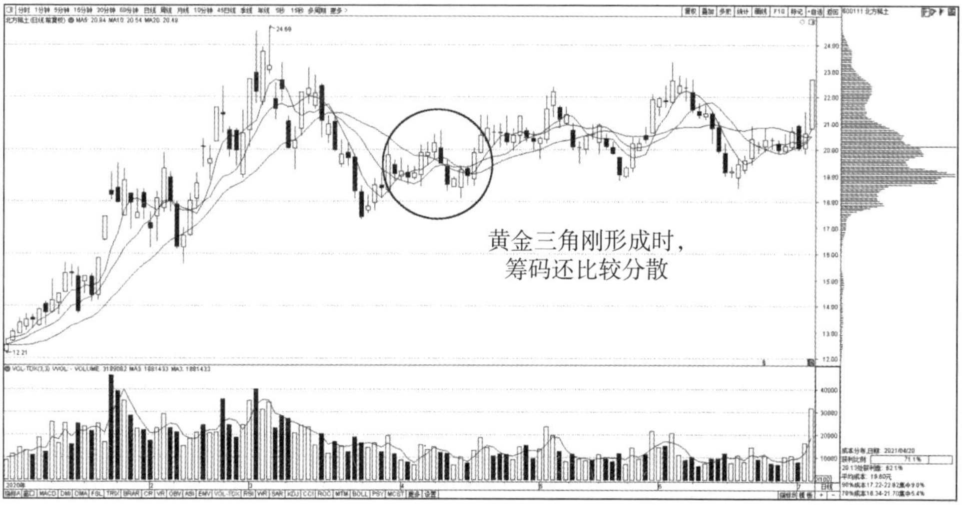

图2-7 黄金三角与筹码集中度

马上就要拉升的时候，这只股票却开始变得冷静，上涨动力显得不足，并开始逐步向下走低。对，股价不涨了，开始调整了。此时，散户们的心理经历第一次打击，部分没有耐心的散户发现股价似乎要继续走低，于是就开始割肉，抛售手中持有的股票，而主力却悄悄地、笑眯眯地接过散户抛售的筹码。当股价经过一个明显的调整之后，散户抛售热情逐步减弱时（这从调整的股价所伴随的逐步变小的成交量可以看出来），这波调整所能清洗出来的浮动筹码就抛售得差不多了，而这些筹码被主力悉数接受，从此时调整形成的底部对应的逐步集中的筹码峰可以明显看出来。如图2-8所示。

随后不久，股价再次被主力拉升起来，此处往往会再次形成黄金三角，如图2-9所示。另外，在这一波拉升过程中，此前下跌调整中没有来得及抛售的那部分散户像是抓住了救命稻草一样，看到股价涨了一点，一旦有些许风吹草动，就会立即抛售手中的筹码。这些筹码会再次被主力全部接收，这从不断集中的筹码峰看得很清楚。尤其是股价被拉升到调整之前的高点附近时，散户的抛售热情最高，这从股价上涨伴随的成交量逐步放大可以看得一清二楚。

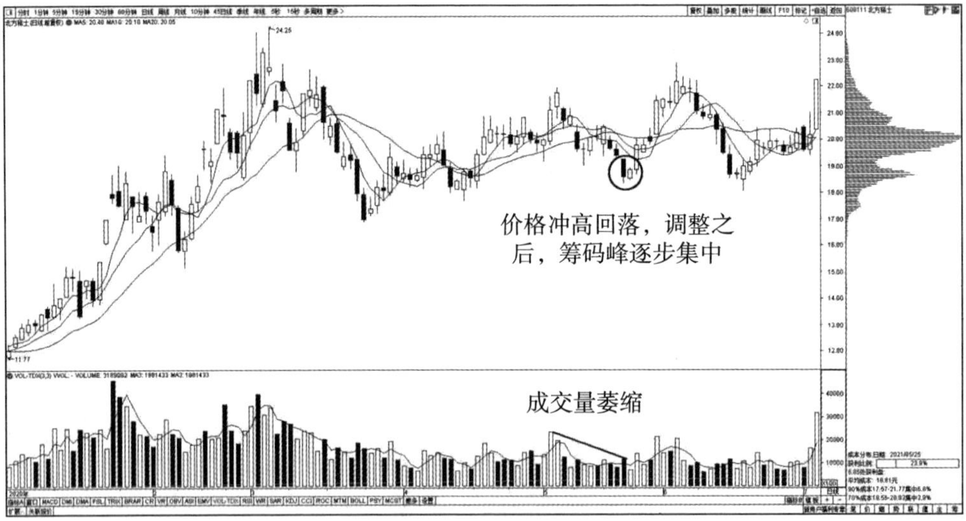

图2-8　筹码峰的演变

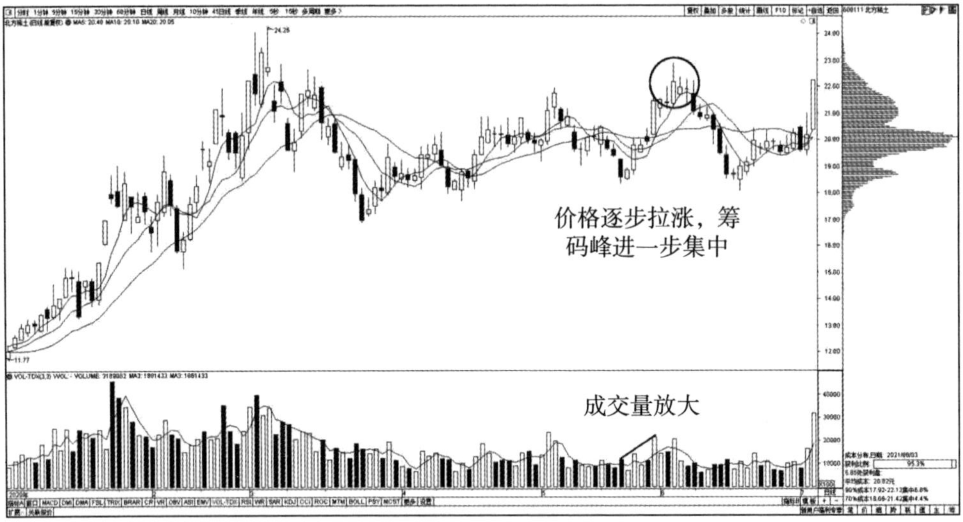

图2-9　成交量与筹码峰的变化

此时，或许还有一部分散户觉得这一次股价应该要开始爆发了，他们依然不愿意抛售筹码。但是，随后展开的股价快速拉低使得这一部分散户的心理彻底破防，发誓只要股价再来一次反弹，他们一定会对这只股票说三个字，那就是“马上抛”。如果要给这个马上抛加上一个量，那就是：

全部！所以，当本次调整伴随的成交量出现芝麻量，股价跌无可跌（该抛的已经抛了，不抛的暂时怎么洗也不抛了）的时候，股价就开始逐步反弹。

当股价反弹了一点空间，股价又开始持续数日的横盘振荡时，对比横盘前与横盘后的筹码峰值，大家会发现横盘后主力筹码峰明显高于横盘前的主力筹码峰。这说明在小幅反弹且股价开始横盘的过程中，散户最后的筹码已经细数抛售，而这些筹码都被主力收入了囊中。如图2-10所示。

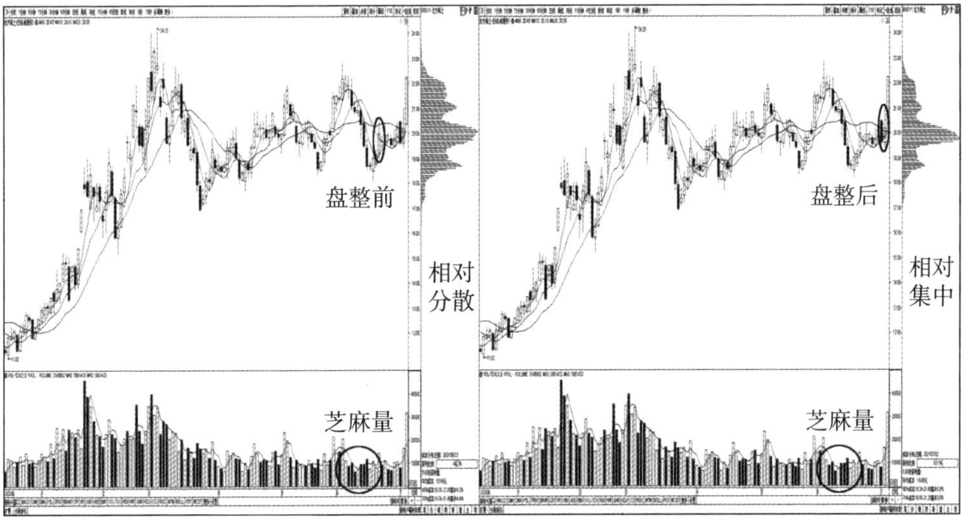

图2-10　盘整前后筹码峰的变化

就在散户群体庆幸自己终于把手中的筹码全部抛售，不再接受这样的横盘煎熬，担心股价可能再次走低时，一场由主力主导的上涨行情却正在酝酿之中，而且蓄势待发。事后，人们发现从第一次形成黄金三角到行情真正展开，共出现了三次黄金三角。

以上就是主力主导的操盘过程：起初给散户一点希望之光，随后又将这种希望之光变得微弱，最后再彻底浇灭，让散户在失望与绝望的交织心情中无奈地抛出手中的全部筹码。这个过程就是臭名昭著的震仓洗盘。

震仓洗盘的过程就是主力通过横盘振荡的方式抢夺散户浮动筹码的过程。判断的依据主要有两个：一个是在振荡区间，股价上涨时对应的成交量逐步放大，调整时成交量逐步缩小，这是震仓洗盘过程中成交量最明显的特征。如图2-11所示。

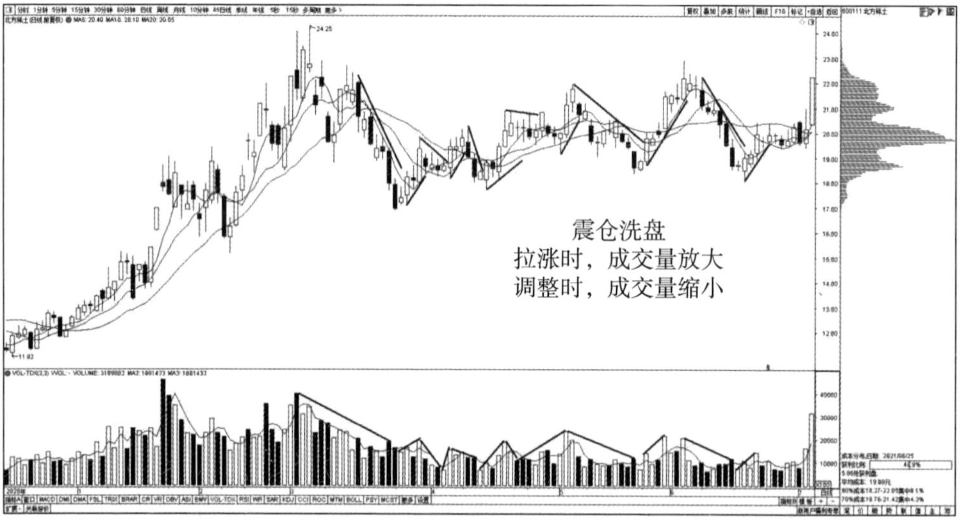

图2-11　振荡洗盘示例

如果有看似震仓洗盘的行为发生，其对应的盘整区间股价上涨时成交量缩小，调整时成交量反而在放大，那就不是震仓洗盘，而是股价还要继续走低。如图2-12所示。

另外一个判断主力震仓洗盘的依据就是，在股价盘整的过程中，筹码峰逐步形成单峰集中。如图2-13所示。

或者在盘整区间的上方压力位与下方支撑位附近形成筹码双峰集中。如图2-14所示。

双峰集中的意思就是，主力在振荡区间上方压力位和下方支撑位附近大量收集筹码，通过在压力位抛售筹码的方式打压股价，在支撑位附近买入以

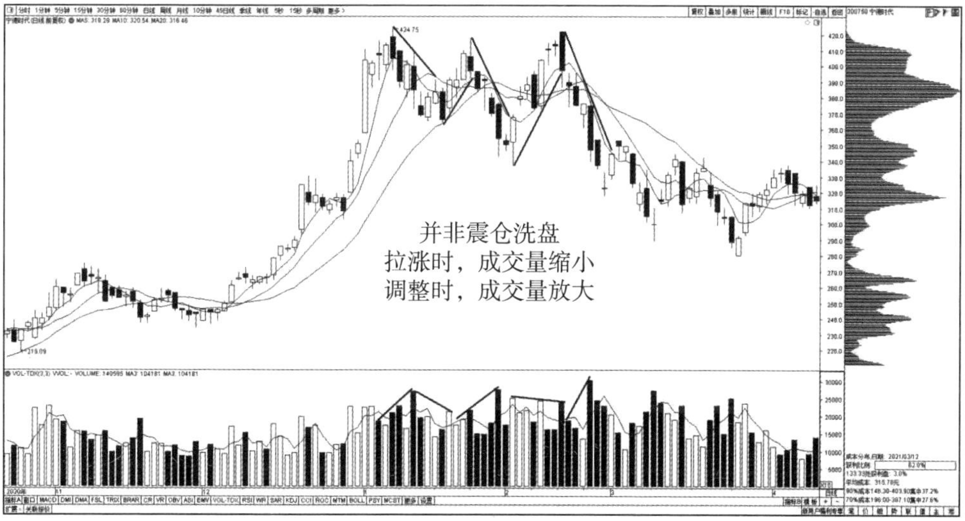

图2-12　出货与震仓洗盘的区别

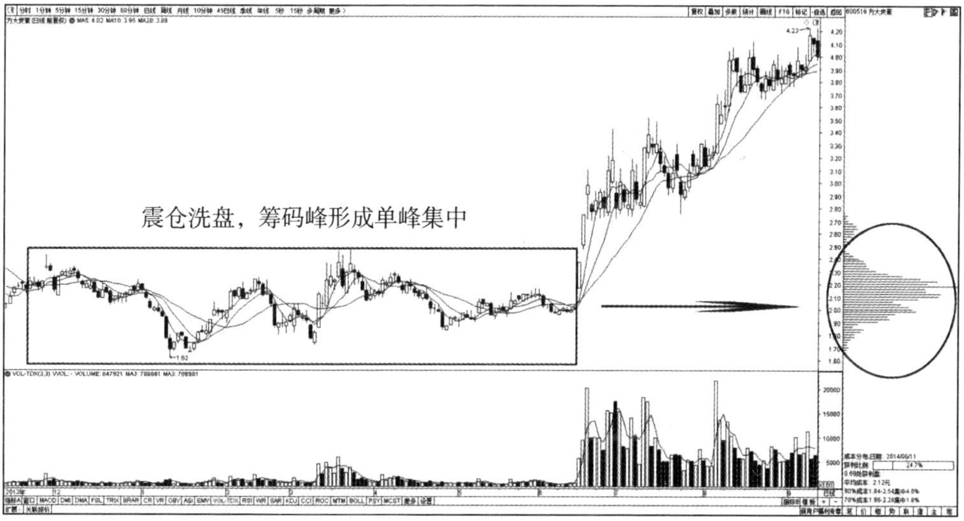

图2-13　判断震仓洗盘的依据一：单峰集中

拉抬股价，使得股价短期处于横盘整理区间。主力通过这样来回折腾的方式消耗散户群体的持仓耐心，并逐步将散户手中的浮动筹码悉数回收。当然，震仓洗盘过程中洗出来并不一定都是割肉亏损的筹码，还有可能是短期在区间下方支撑位买入，又在区间上方压力位抛出的盈利筹码。

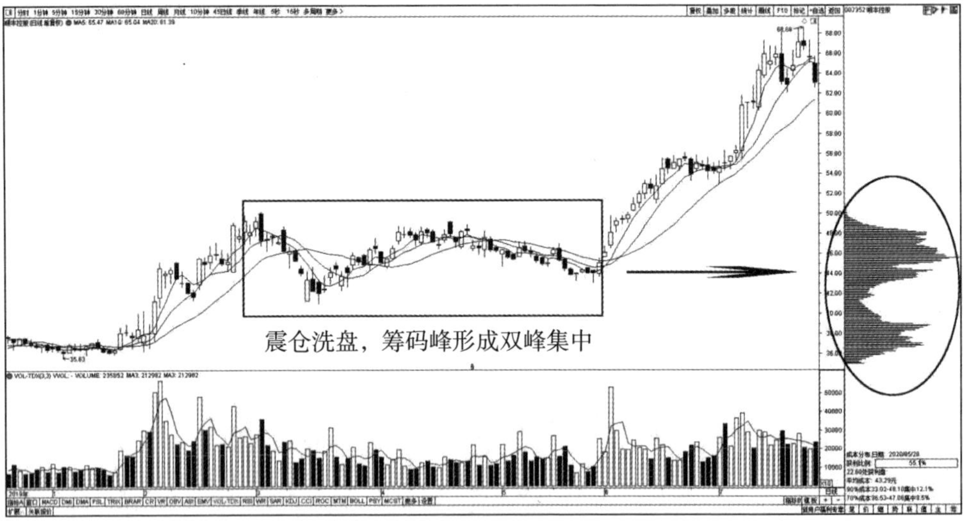

图2-14 震仓洗盘判断依据二：双峰集中

当然，有时候主力会在黄金三角形成之后让股价反弹一点，然后迅速结束反弹并将股价向下打压，使股价跌破此前下跌走势的最低点，给人一种股价还要继续大幅破位下行的假象，这种洗盘方式称为压价逼仓。如图2-15所示。压价逼仓洗出来的基本上都是亏损的割肉盘。

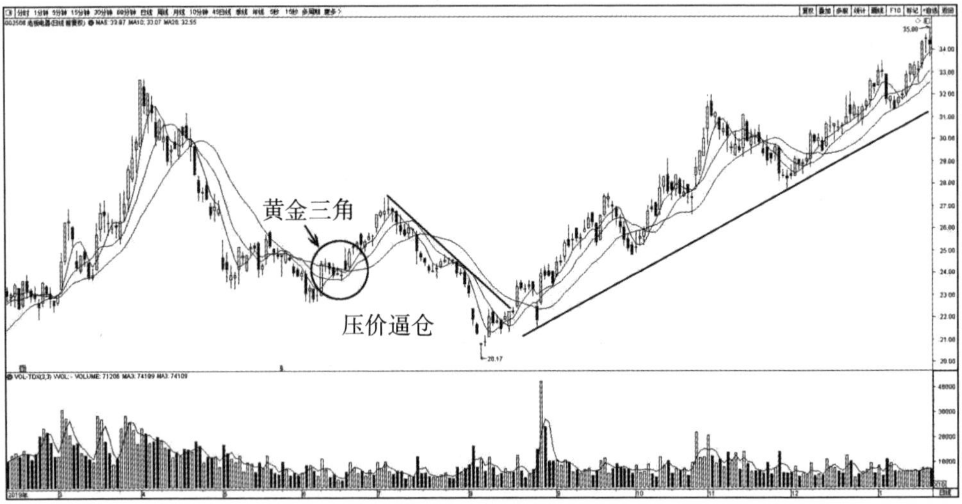

图2-15 压价逼仓洗盘

至此，大家清楚地知道了利用第一堂课教给大家的方法，三步选出大牛股后，等待形成黄金三角以确认主力开始入场，然后通过股价的波动形态以及成交量和筹码峰的变化确认主力洗盘的全过程。在洗盘阶段，建议大家以观望为主，同时密切关注主力吸筹是否结束的信号。一旦主力吃饱，开始爆发之时，这才是交易者真正的入场时机。那么，究竟如何确认一只牛股的爆发点呢？关于这个问题，下一堂课再为大家详细讲解。

第三堂必修课

如何确认牛股的爆发点

火山喷发来自岩浆持续运动的蓄势，雷雨的爆发源于乌云密布之后的蕴酿，股市的上涨则是主力吸筹结束之后的爆发。尽管爆发的牛市行情有大有小，但只要能在合适的点位入场，不仅风险最小，而且还避免了由于过早介入不得不承受股价反复振荡、迟迟不涨带来的煎熬。

实战中，应该如何确认一只牛股的爆发点呢？方法很简单，既然是爆发点，那就必然伴随成交量的明显放大。不过，关于成交量是否为明显放大，必须有一个量化的标准，这里建议大家用3日均量线作为判断标准。在操作界面上打开成交量参数调整界面，将成交量的均量线周期全部修改为3日。

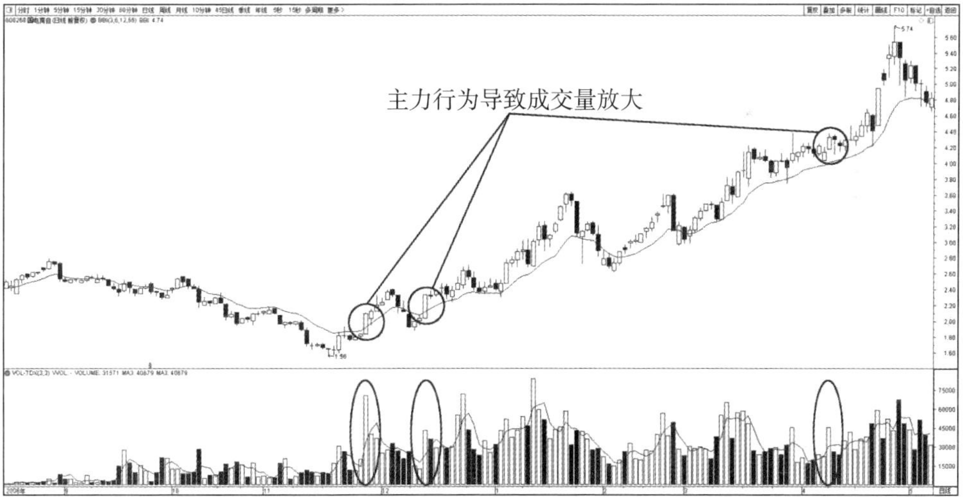

图3-1　成交量放大的判断标准

如图3-1所示，当成交量的柱子高于3日均量线一倍及以上时，即可确认是主力行动引起的成交量放大行为。反之，则属于散户行为，可不予理睬。如图3-2所示。

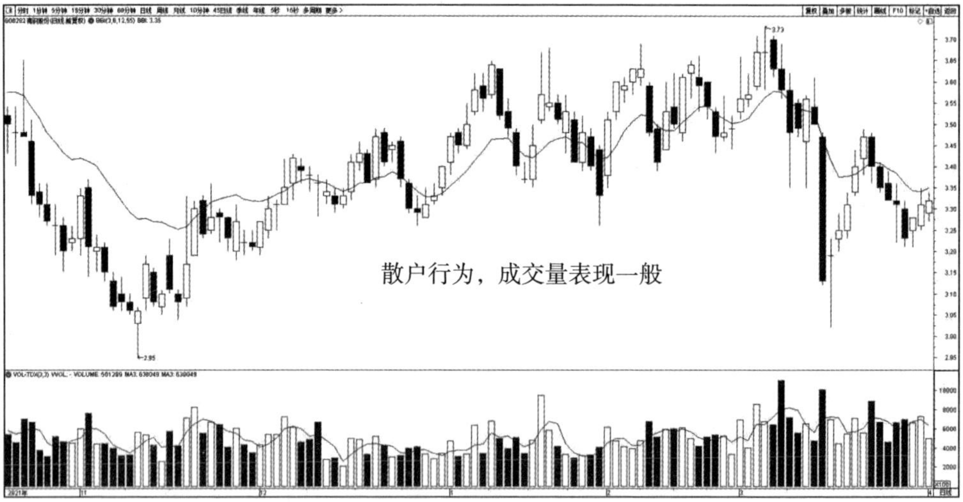

图3-2 散户行为导致的成交均量线变化

那么，是不是只要看到成交量出现这种明显放大的情况，即可确认为是主力要开始拉升该股票，需要立即买入呢？当然不是。众所周知，主力拉升一只股票，必然要经历吸筹、洗盘、拉高以及出货四个阶段。其实，实战中大家会发现，洗盘的过程其实也是主力吸筹的过程。准确地说，主力拉升一只股票时，必须经历吸筹、拉高以及出货这三个阶段。因此，主力开始行动后，是不是直接拉升股票，这还取决于主力是否已经完成了吸筹任务。

那么，应该怎样判断主力对所操作股票的吸筹结束点呢？很简单，看主力筹码峰的形态有没有大的变化。如果主力筹码峰连续两三天都没有变化，就基本确定主力的吸筹行为已经结束，该股股票行情随时准备爆发。比如像北方稀土这只股票在形成黄金三角之后，说明主力逐步入场，同时主力展开震仓洗盘并大量吸筹等操作行为。

这里按照时间顺序选取几个时间点来比较主力筹码峰的变化情况，如图3-3所示。从图中可以很清楚地看到，随着时间的推移，主力筹码峰变得越来越明显，这就是典型的主力持续吸筹行为。

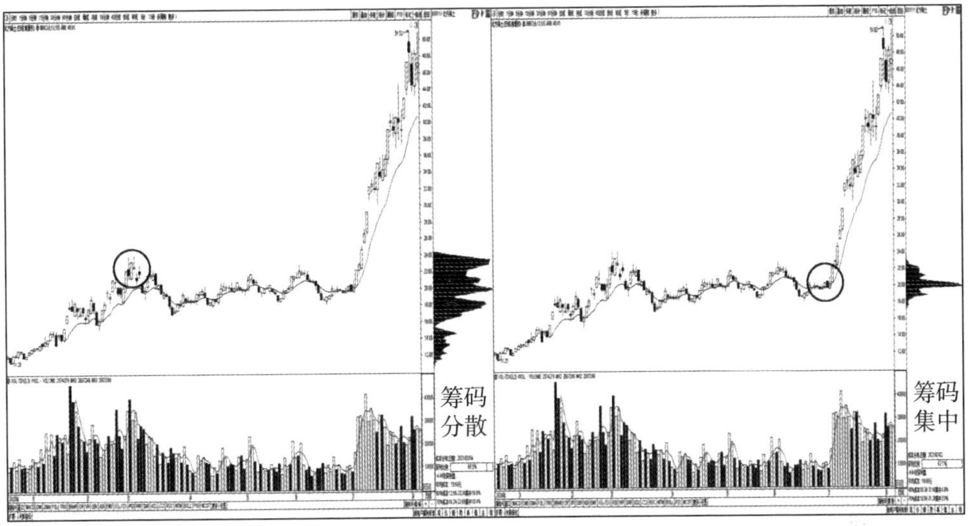

图3-3　筹码集中过程对比

从6月28日开始一直到7月5日股价爆发，这个区间有8个交易日。仔细观察这8个交易日对应的主力筹码峰，发现没有丝毫的变化，这说明主力吸筹已经结束了。如图3-4所示。7月5日，随着成交量明显放大，股价迅速开始上涨，最终迎来一波大牛行情。

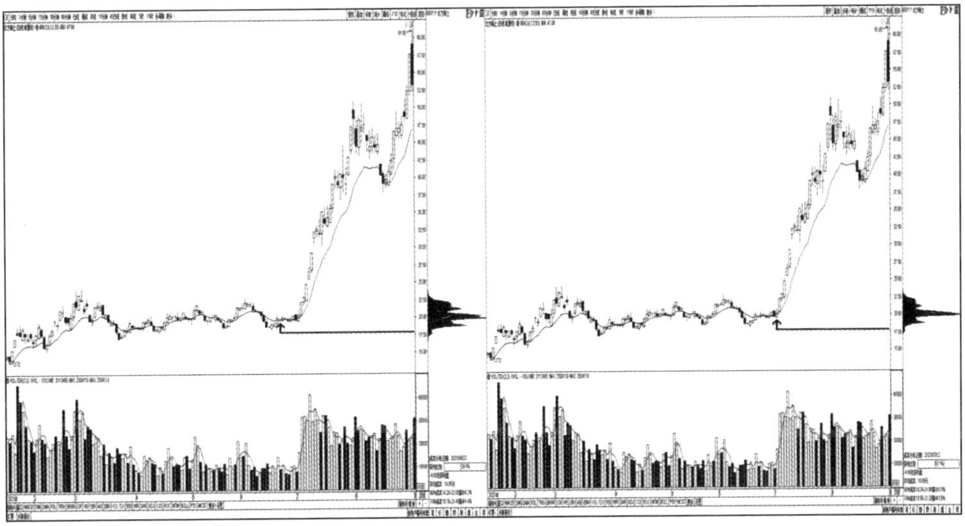

图3-4　拉升初期筹码峰变化

当然，并不是每一次成交量明显放大都说明是主力要拉动股价上涨。如果市场依然处于空方占优状态，成交量明显放大很可能是主力在继续出货，果真是这样的话，股价还将持续走低。那么，如何界定股价所处的多空状态呢？当然要应用多空指标来分析判断，也就是所谓的BBI（Bull And Bear Index）指标。BBI指标对于股市多空状态的判断是非常及时且有效的，该指标的详细用法在后续课程中会进行讲解。现在大家只要知道当K线在BBI指标上方运行时，说明股价处于多方状态，即上升格局之中即可。反之，当K线在BBI指标下方运行时，说明股价处于空方状态，即下降格局之中。如图3-5所示。

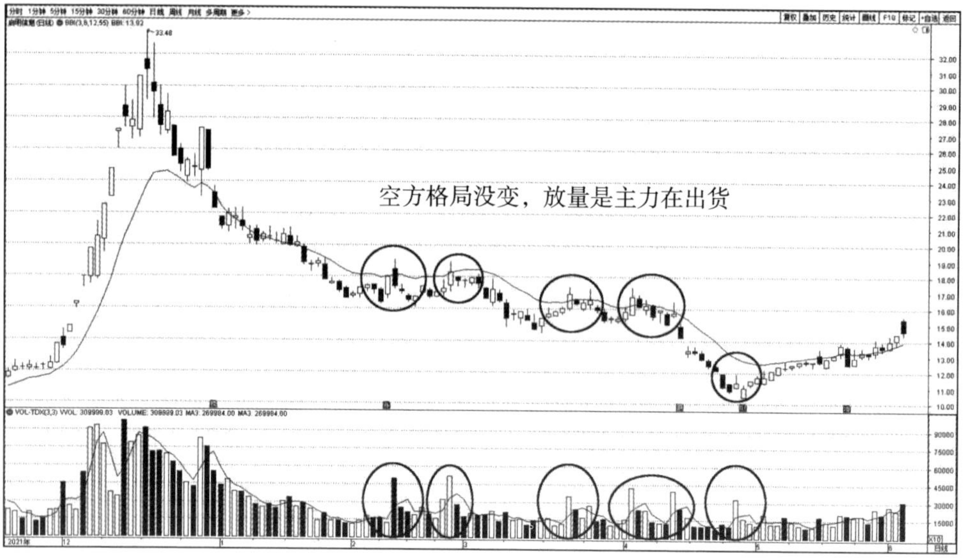

图3-5　多空指标运行示例

当成交量明显放大时，股价必须处于BBI指标之上。如果此时股价依然处于BBI指标之下，这种成交量的明显放大就不属于股价爆发上涨的信号，反而说明主力很可能在出货。如图3-5所示，从图中可以看到，该股成交量出现了明显放大，但是股价却仍处于BBI指标下方，说明市场空方格局没有改变，随后股价并没有展开上涨，而是继续大幅走低。

尽管成交量明显放大说明主力开始行动，但是，大多数情况下并非是主力马上要拉动股价直接开始上涨，而是展开的一次试探性拉升，或者是为了进一步收集低价筹码。也就是说，主力通过成交量明显放大这种方式吸引散户入场，然后再经过数日的调整振荡清洗浮动筹码。待筹码收集结束后，主力会控盘使价格进入迅速的上涨走势。如图3-6所示，从成交量明显放大到股价展开调整，这一区间对应的主力筹码峰明显出现了变化，说明主力还在进一步吸筹。

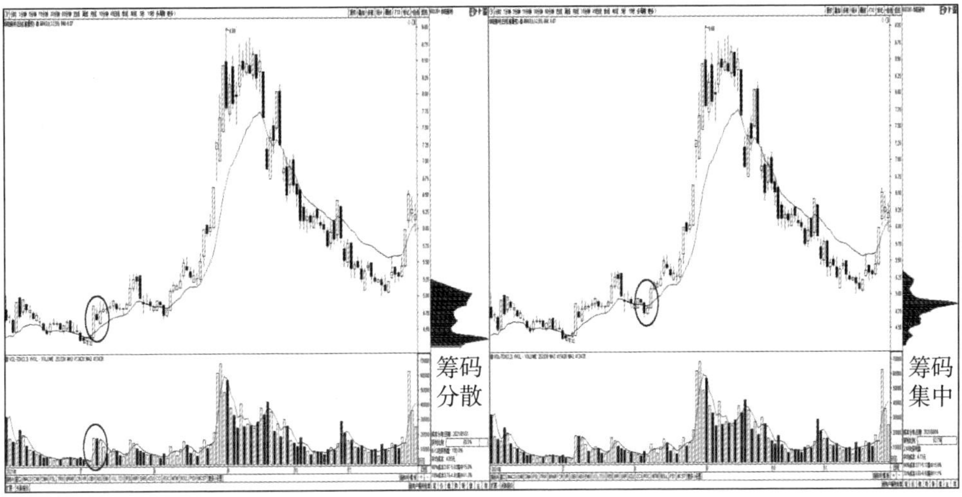

图3-6　主力吸筹分析

不过，一般情况下，这种吸筹操作时间是比较短暂的，因为大部分筹码在成交量明显放大之前就已经落入主力的口袋中。此次借助成交量明显放大之后再调整来收集筹码的操作方式，其重点在于试探拉升阻力，收集一些筹码只是主力试探性拉升的副产品，收集到的筹码也是少量的。不过投资者需要注意，一旦出现这种情况，当股价调整到与BBI指标相交之时，就是最佳入场时机。如图3-7所示。

综上所述，可以很清楚地知道，一只股票真正的爆发点必须具备三大特征：第一个特征就是筹码峰由分散逐步变为集中，而且在爆发点附近连续数

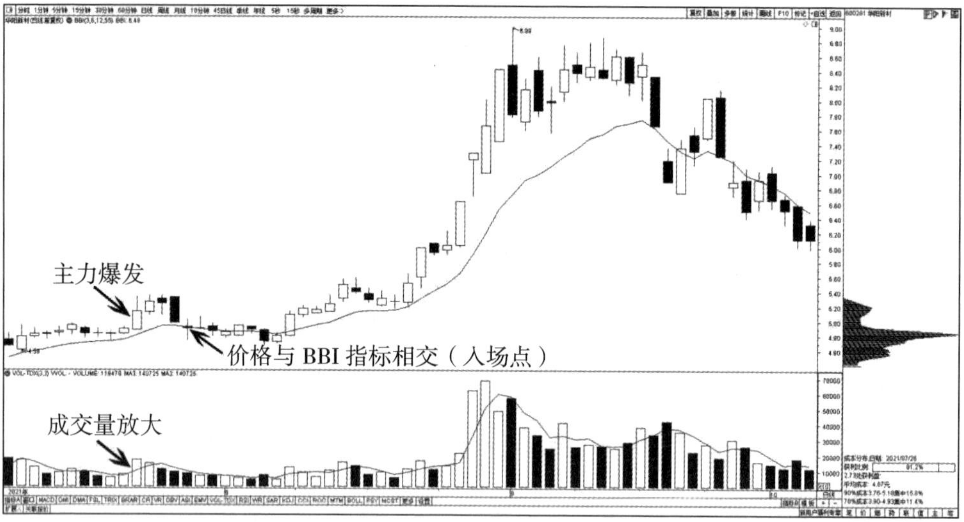

图3-7　入场时机判断方法

日主力筹码峰的形态都没有出现任何变化，说明主力已经结束吸筹；第二个特征就是股价必须站在BBI指标之上，说明多空格局已经转变为多头方向；第三个特征就是成交量柱必须高出3日均量线的一倍以上，说明主力已经开始行动起来。如图3-8所示。

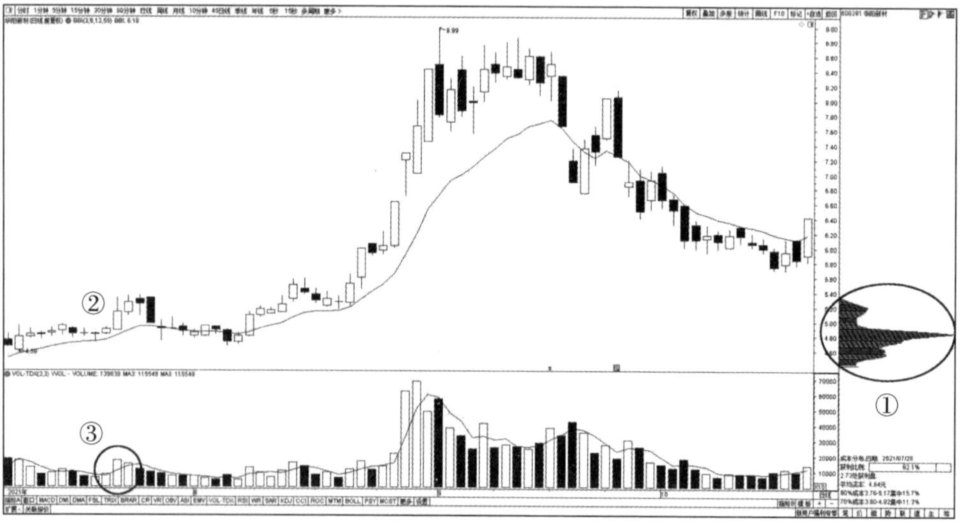

图3-8　爆发点确认标准

爆发点的确认是一个综合判断的过程，而且以上三大特征必须按照先后顺序逐一满足，不能仅仅因为其中一个特征已满足就草率地认为牛股已经开始爆发了。

主力一旦行动起来，就会逐步拉升股价并创造出一波牛市行情。不过，主力在拉升之前，往往会有意展开调整。从调整中不断萎缩的成交量，可以判断出主力并非在抛售筹码，而是在完成最后的吸筹动作。实战中大家会发现，当股价调整到与BBI指标相交时是一个不错的入场点，这个点才是牛股真正的爆发点，此前成交量的放大点可以称为起爆点。如图3-9所示。

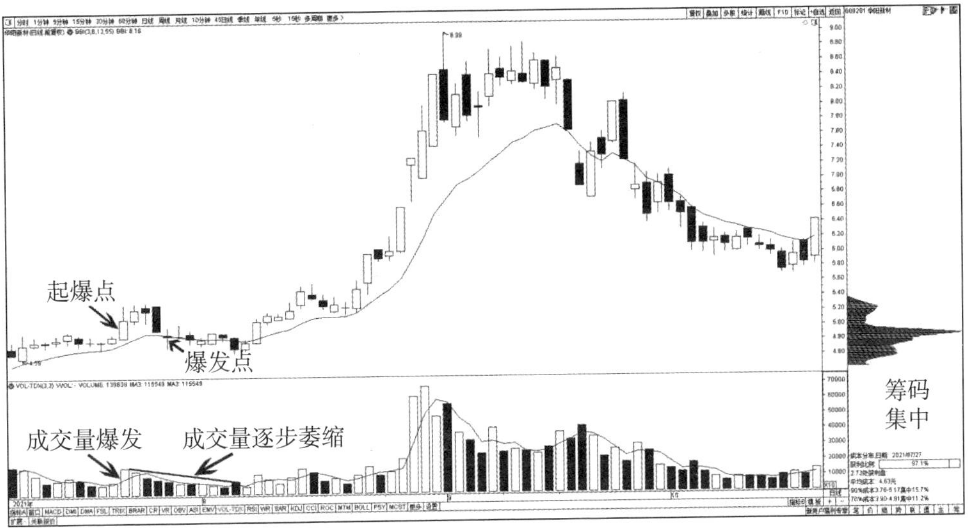

图3-9　起爆点的判断

当然，并不是每只牛股在起爆点之后股价都会展开调整并与BBI指标相交。有些特别强势的股票从起爆点开始就会展开连续上涨，并一路拉升到目标点。如图3-10所示。

实战中，为避免错失机会，大家可以在起爆点先买入一成仓位。当爆发点出现时，再加一成仓位即可。另外，如果股价从爆发点稳步上涨，冲高回落再次与BBI指标相交时，可以再增加一成仓位。如图3-11所示。

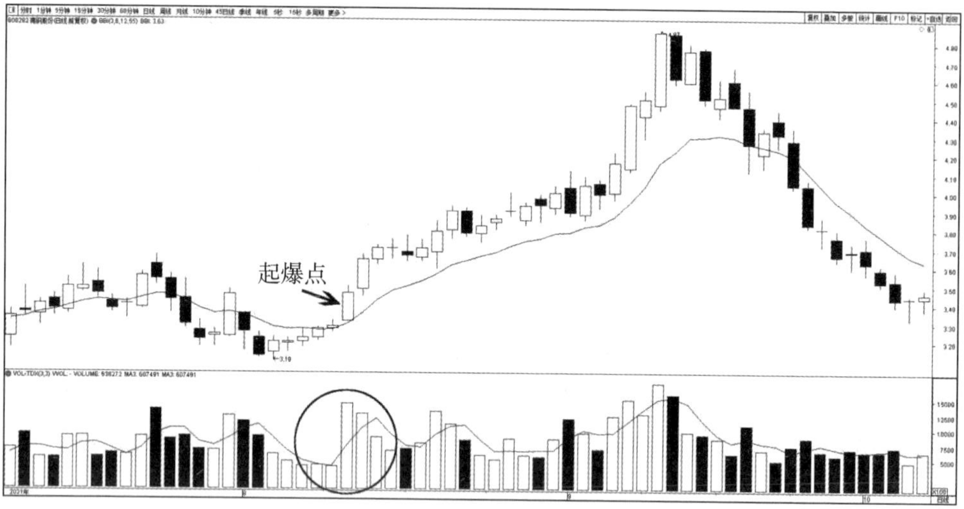

图3-10　强势股起爆后的走势

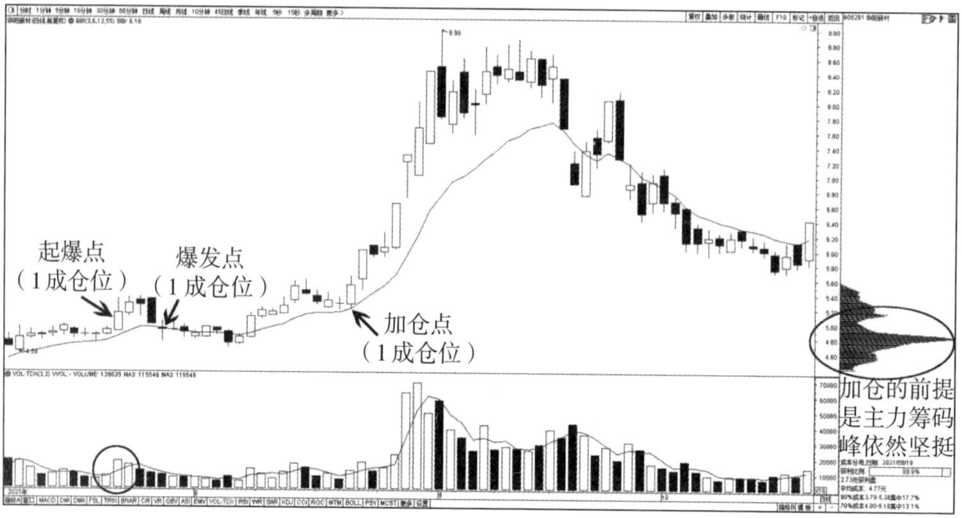

图3-11　介入点位及持仓量分析

当然，此时再次加仓的前提是主力筹码峰没有出现任何大的变化，主力筹码峰依然明显，说明主力仍然在场。如果主力筹码峰出现松动，切记不可加仓，反而要做好止盈出局的准备。如图3-12所示。

很多人会发现，在起爆点用一成仓位入场，爆发点又加仓一成，在加仓点又进一成仓位，这其中的仓位控制是否存在一定的比例关系？没错，的确

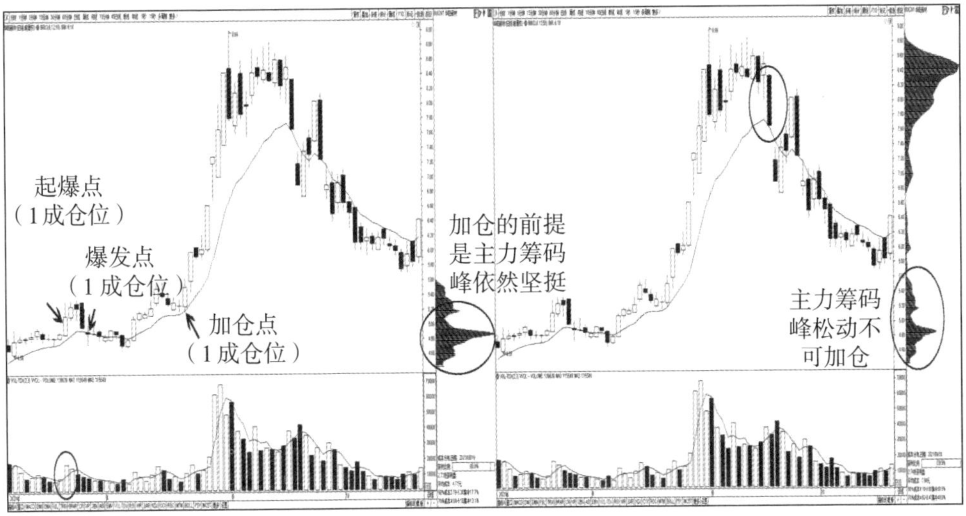

图3-12　依据筹码峰的变化决定操作行为

如此。入场及加仓必须按照倒金字塔的方式进行，如图3-13所示。所谓倒金字塔加仓方式，指的是以第一次入场仓位为基准，后续加仓仓位只能等于或者小于该仓位，这就是为什么先前的仓位比例是1:1:1的原因。

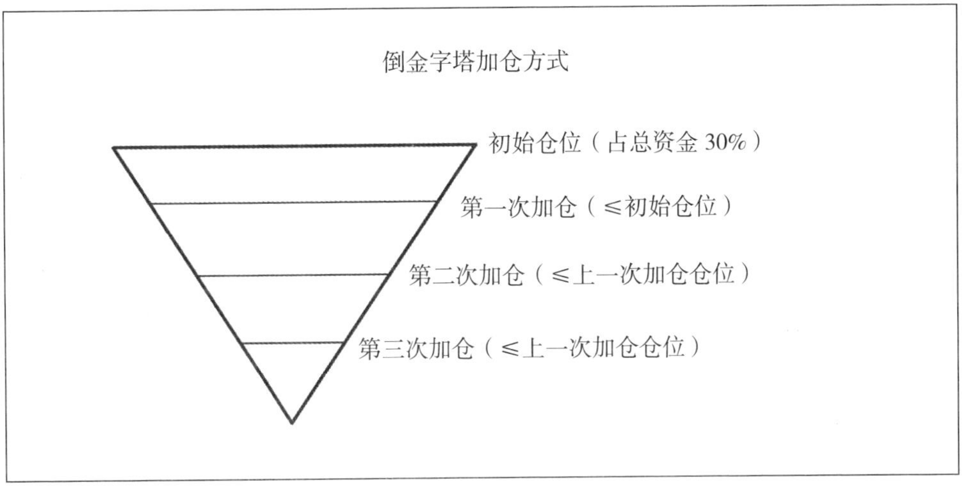

图3-13　加仓仓位比例示例

当然，一般情况下，如果不是在起爆点入场，而是在爆发点入场的话，仓位可以直接放到三成，随后加仓比例可以在3:3:3、3:3:2、3:3:1、

3:2:1或者3:1:1之间进行选择。当然，最常用的加仓比例是3:2:1或者3:1:1。实战中，要想使利润达到最大化，恰当地加仓是必要的。

为什么要用倒金字塔的加仓方式呢？原因很简单，因为股价瞬息万变，不可能每次加仓后股价都会按照预期的方向发展。一旦加仓后股价逆向而行，采用倒金字塔的方式加仓，即便之后几天发现趋势可能已经改变，这时全部平仓也可以保证有部分利润。如图3-14所示。

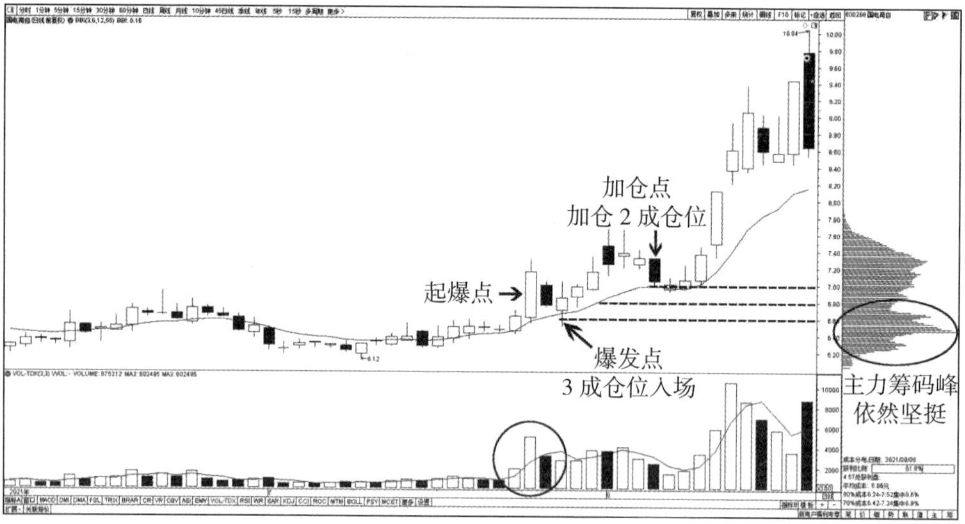

图3-14 加仓方式选择

从图3-14中可以看到，假如在爆发点交易者用6.6元的股价入场，买入3成仓位，随后股价冲高回落至加仓点7元再加仓2成仓位，即使后来趋势发生变化，股价破位跌到6.8元时全部平仓出场，此时3成仓位盈利：

$$(6.8-6.6)\times 0.3=0.06\text{（元）}$$

减去2成仓位的亏损：

$$(7-6.8)\times 0.2=0.04\text{（元）}$$

每股还有0.02元的盈利。反之，如果直接加仓7成，那么结果就变成了3成仓位的盈利：

$$(6.8-6.6)\times 0.3=0.06（元）$$

减去7成仓位的亏损：

$$(7-6.8)\times 0.7=0.14（元）$$

结果就变成了每股净亏损0.08元。因此，采用倒金字塔的方式加仓是合理的。

实战中，人们把跟随主力交易的这种操盘方式称为跟庄战法。其实，主力也好，庄家也罢，两者本质上是一样的。不过大家要清楚的是，一波牛市之中一只股票不可能只有一个主力或者庄家。比如，大家经常会听到某只龙头股被数百只或上千只基金追捧，如果这些基金操盘步调一致，大家大概率都可以赚钱。但事实是他们的步调不可能一致，这其中会存在大鱼吃小鱼的现象。当市场中最后只剩下几家实力相当的对手时，面对越来越难以把控的市场，他们有时候也会讲和，为了共同的利益一起来拉抬股价。但无论如何，当一轮牛市行情结束时，最终在高位接盘的接盘侠往往都是散户，所以大家要擦亮眼睛，切勿上当。

对于某只庄家控盘的小盘股票来说，A庄家拉升一段幅度之后，可能会再转手给B庄家拉升。当B庄家拉升一段幅度后，再转手给C庄家拉升，C庄家如法炮制后再转给D庄家，以此类推。通过轮番拉抬，这只股票可以被拉升到很高的价位，直到庄家出尽这只股票筹码，股价就有可能展开自由落体式的快速下跌走势。如图3–15所示。

图3–15中展示的细节是这样的：如图3–16所示，股价先由A庄家拉升，筹码峰逐步分散然后再到集中，此时A庄家的筹码大部分转手给B庄家，随后B庄家继续拉升，市场走势如图3–17所示。

C庄家如法炮制，拉升一段股价后，继续将筹码转手给D庄家。D庄家则继续拉升，直到在高位全部完成出货，随后股价大幅走低。如图3–19所示。

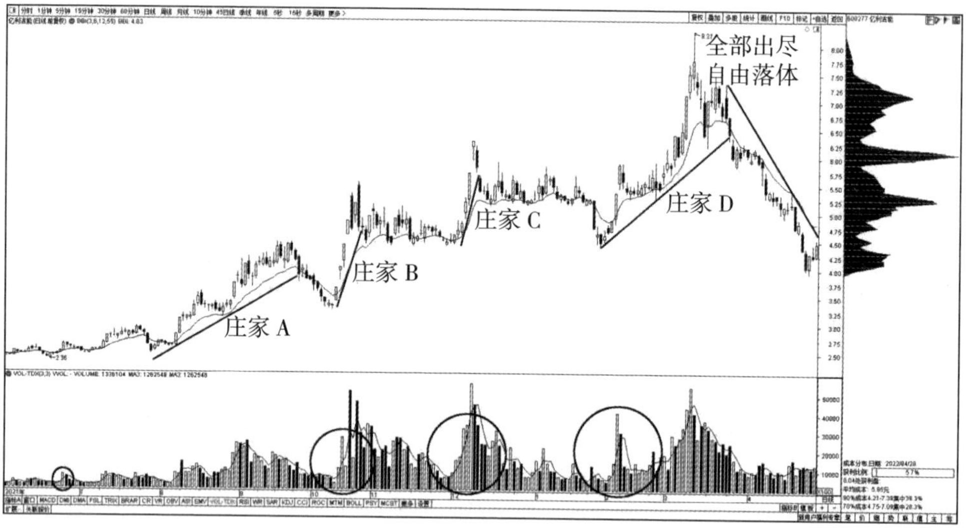

图3-15 股票轮换拉升示例

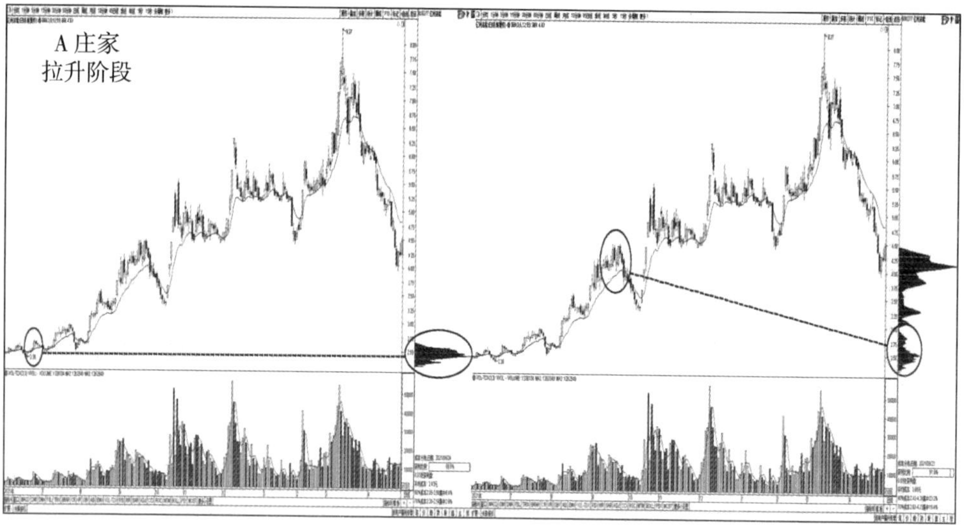

图3-16 拉升过程中筹码的变化

筹码再次由集中变为分散然后再到集中，实质上是大量筹码由B庄家转手给C庄家，之后C庄家继续拉升一波。如图3-18所示。

这是A、B、C、D几个庄家有预谋地创造牛市的过程。实战中，只要股价趋势保持良好，主力承接有序，就可以跟随庄家而动，把该赚的利润赚到

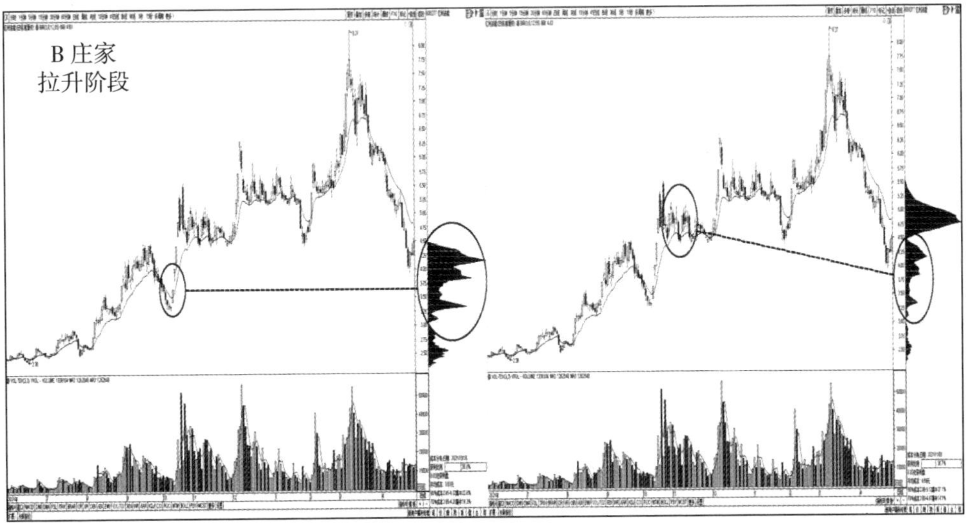

图3-17　主力转换示例1

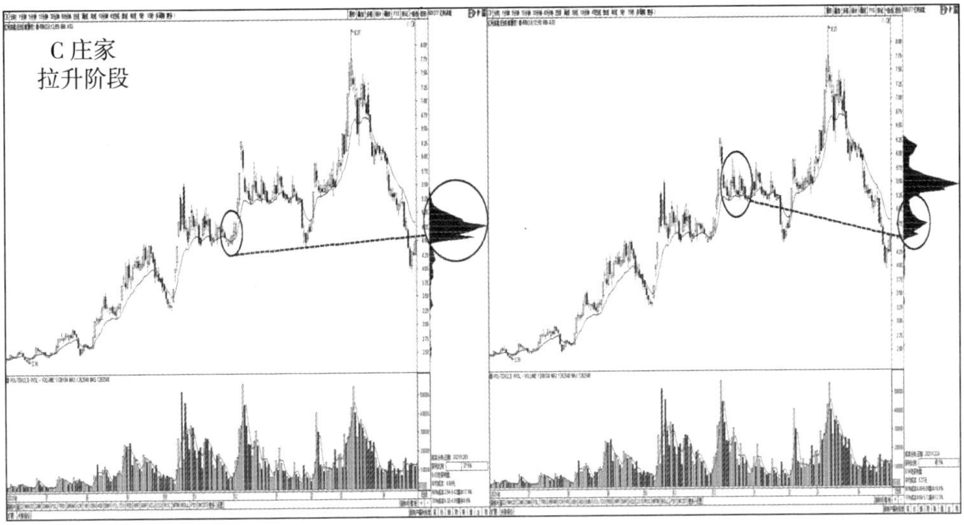

图3-18　筹码转化示例2

手。当然，一旦庄家出尽筹码，趋势发生改变，就应该及时止盈出场，切勿恋战。

有时候，同一个庄家的不同操盘团队也会进行筹码对敲，也就是大家常说的左手转右手，以此来拉升股价，形式上和A、B、C、D几个庄家轮番拉抬和承接筹码的方式是一致的。只要大家努力识别，清楚庄家仍然在场，则稳步持有即可。一旦庄家退场，就要及时止盈出局，这样就可以把握一波牛市大部分的利润空间。

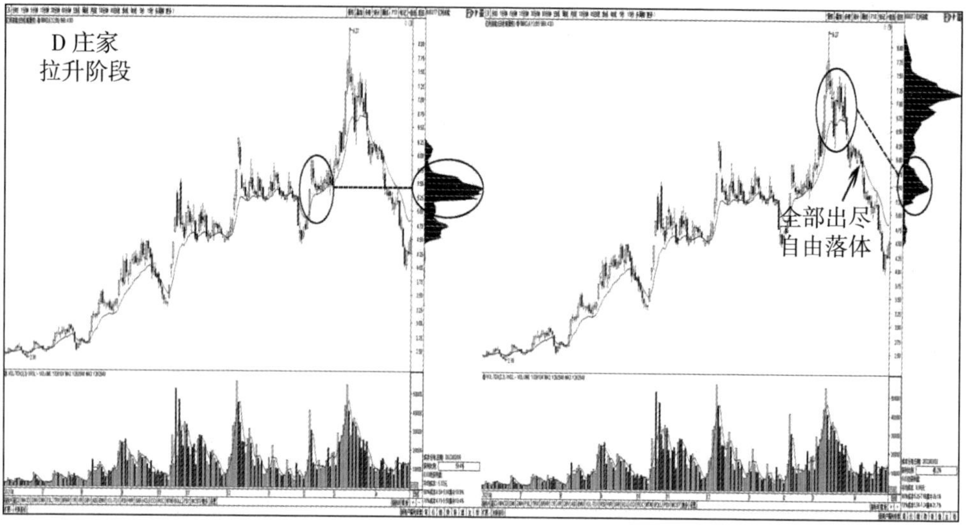

图3-19　筹码转换示例3

同时，对于庄家高度控盘的股票，在主力拉升股价时，不要过分关注K线形态。无论是十字星也好，大阴线也罢，只要庄家在场，庄家的筹码峰集中且坚挺，没有任何松动的迹象，那就说明庄家仍然在场，股价趋势还没到转势的时候。那些看似要反转的十字星或者大阴线，其实都只是庄家故意做出来的K线形态，以此来迷惑散户，促使散户抛出手中的廉价筹码，大家切记不要上当。

如图3-20所示，图中标注的十字星、大阴线都是庄家故意做出来的K线形态，看起来有点儿吓人，但只要庄家没有离场，股价经过正常的调整之后，必然会被快速拉高。

其实，很多人并不是买不到好的股票，而是被这种看似股价要反转的现象误导，过早地了结了头寸。当事后再看时，股价已经拉得太高，失去了介入的良机。

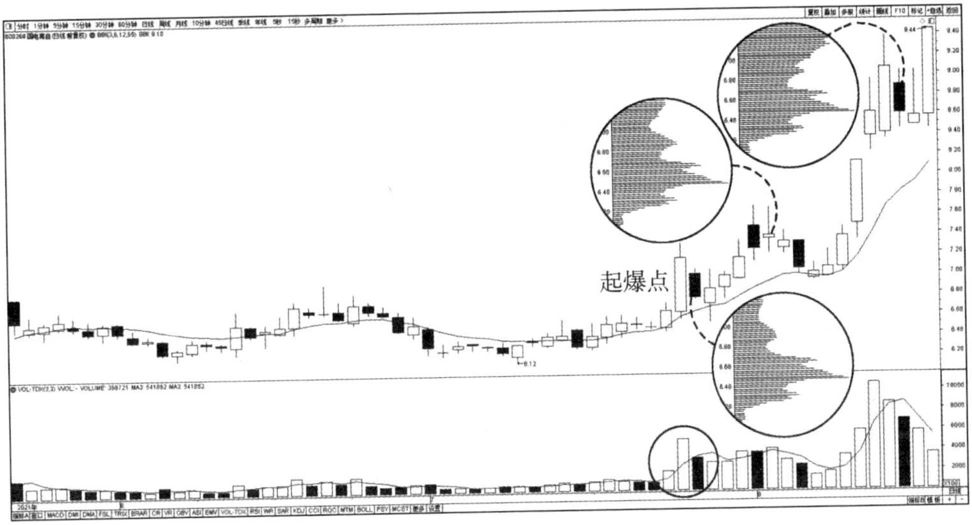

图3-20 筹码峰与K线形态分析

有些人出局后，看到股价还在持续上涨，会心有不甘，在高位追涨。当主力完成出货后，股价自由落体式下跌，如不及时止损，盈利就会变为亏损，甚至可能长时间被套在高位，无法出局。所以，交易中应该在行情爆发点（也就是最合适的入场位）入场。入场后，只要主力没有出场，就坚决持有，直到主力开始出货，则果断止盈即可。努力做到既不要进早（主力还没有入驻就建仓进场了），更不要进晚（错过了最佳入场时机后追高买入），这才是市场中的制胜之道。

俗话说得好，会买是徒弟，会卖才是师傅。当股价稳步上涨时，究竟该在哪里出场，是不是主力开始出货就果断止盈，还是等主力将筹码全部出尽才选择离场？实战中，大家应该如何做到精准逃顶，对于这一问题，请听下一堂课详细分解。

第四堂必修课

如何做到精准逃顶

大千世界，寰宇之间，很多东西或者事情都是相对的，有上必有下，有喜就有悲，有头必有尾。人世间，没有只上不下的道路。市场中，没有只涨不跌的股票。美好的开始或许会有悲伤的结局，但无论如何，只有做到有始有终才算修成正果。

实战中，从买入股票的那一刻起，就要想着什么时候出场。人人都想买在最低点、卖在最高点。但实际的情况是，买到相对底部、卖在相对的高点就已实属不易。《天道》中丁元英对芮小丹解释股市时有这样一句话："股市里，你既要盯住主力的黑手，也得盯住衙门的快刀，得在狼嘴里有肉的时候下筷子，还得在衙门拔刀之前抽身！"

在前面几堂课中，笔者教给大家的核心方法是一种跟庄擒斗的手法，因为市场中的牛市行情或者大的上涨波段几乎都是主力创造的。主力在创造牛市的过程中，必然会经历建仓、洗盘、拉高以及出货四个阶段。前面已经给大家讲过主力建仓与洗盘的过程，交易者也应该知道起爆点和爆发点的位置。随后的拉高让交易者获得了丰厚的利润，那么，究竟该在哪个点位止盈和落袋为安，将是接下来要给大家揭秘的重点。

其实，对于一波牛市行情，如果只有一股主力，那么入场后盯着主力的筹码峰，只要主力的筹码峰依然坚挺且没有任何松动，就说明主力仍然在场。既然主力在场，就应该坚定的持有股票。此前说过，在股价拉升的过程中，无论出现怎样的K线形态，十字星也好，大阴线也罢，只要主力筹码峰没有任何的松动，就应该坚定的持有，直到主力筹码峰开始松动，在筹码峰松动的当天收盘前果断止盈即可。实战证明，这种止盈点往往就是这波牛市的最高点。如图4-1和图4-2所示。

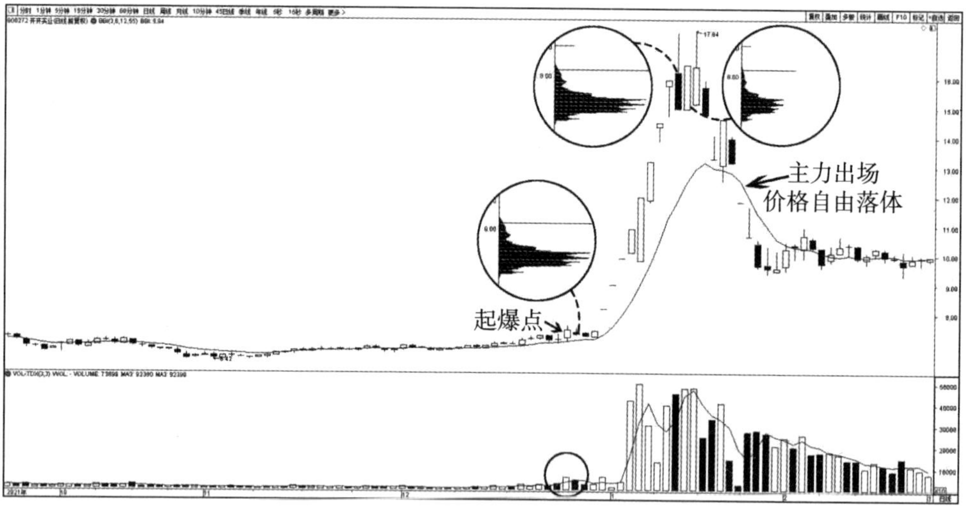

图4-1 筹码峰与主力出货的关系1

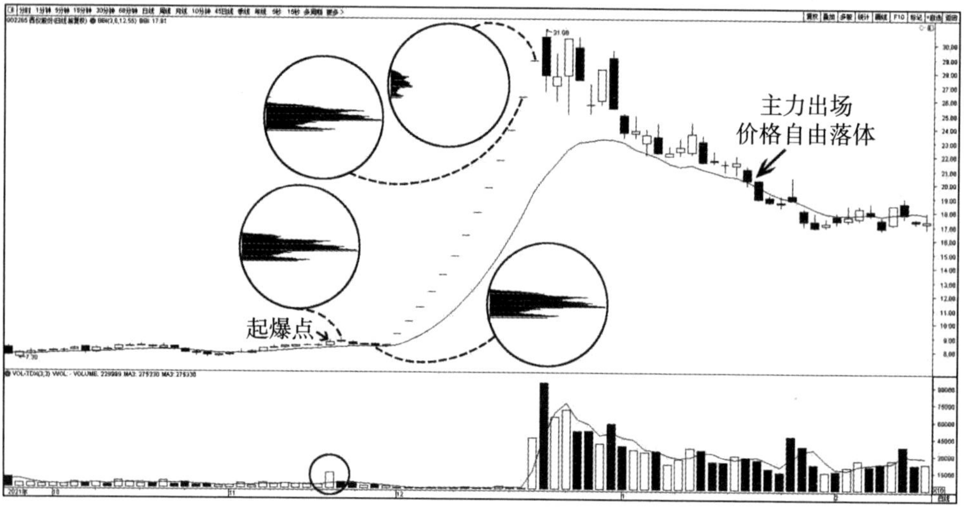

图4-2 筹码峰与主力出货的关系2

从图中可以看到，在主力筹码峰松动之前出现的阴K线，都只是主力短暂的故意洗盘行为，只有当股价被主力拉升到目标位且主力出场之后，股价才展开了真正的下跌。

上一堂课说过，一波牛市有时候并不是由一股主力独立创造的，而是由几股力量交替拉升完成的。对于这种情况，即使能够识别出有几股主力交替控盘，但最后的接棒者会不会再继续接力做下去，这一点猜想谁都拿不准。对于这种情况，最稳妥的交易方式就是用BBI多空指标作为出场依据，只要股价一直处于BBI指标之上就继续持有，同时密切关注主力筹码峰的交替情况。一旦股价到了BBI指标下方，果断止盈即可。如图4-3所示。

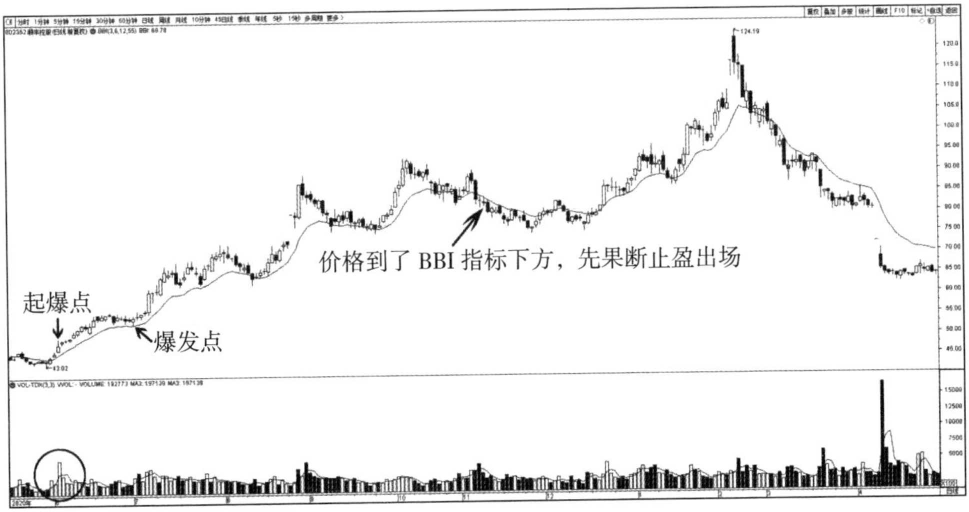

图4-3　用BBI指标判断止盈点

当然，如果事后证明主力还要继续接力拉升，再找合适的机会入场即可。如图4-4所示，当股价跌破BBI指标之后，果断选择止盈。但随后股价又回到了BBI指标之上并给出了买入信号，此时可以再次入场，这就是笔者经常说的“漫步火车轨道”理论。

市场交易是时刻充满风险的，这就好比人们在火车轨道上漫步，突然有人高喊：“火车要开过来了！”这个时候大家的正常反应肯定是要先从火车轨道上跑下来，然后观察一下。如果发现只是虚惊一场，随时都可以再回到火车轨道上去，主动权完全在自己手里。市场交易也是这样，随时都要注意控制风险，一旦发现股价触及底线，就应该果断出场，千万不要故作镇定地去碰运气，因为这样做不仅破坏了交易规则，往往还会导致巨大的损失。

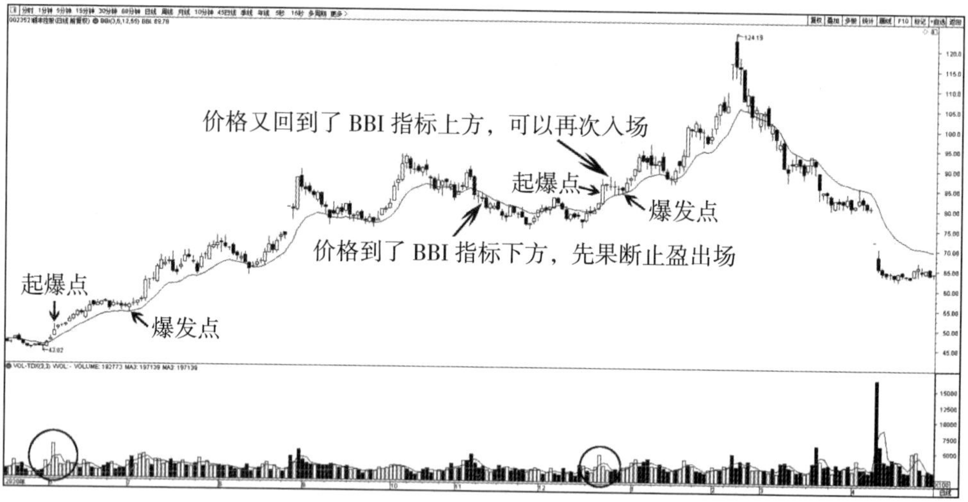

图4-4　先出后进控制风险示例

同时，大家参与股市交易之后就会发现，当有些股票的主力筹码峰开始松动时，第二天股价就会迅速拉低，甚至连续几天跌停，尤其是一些流通股本较小的股票，往往会出现这种情况。如图4-5所示。

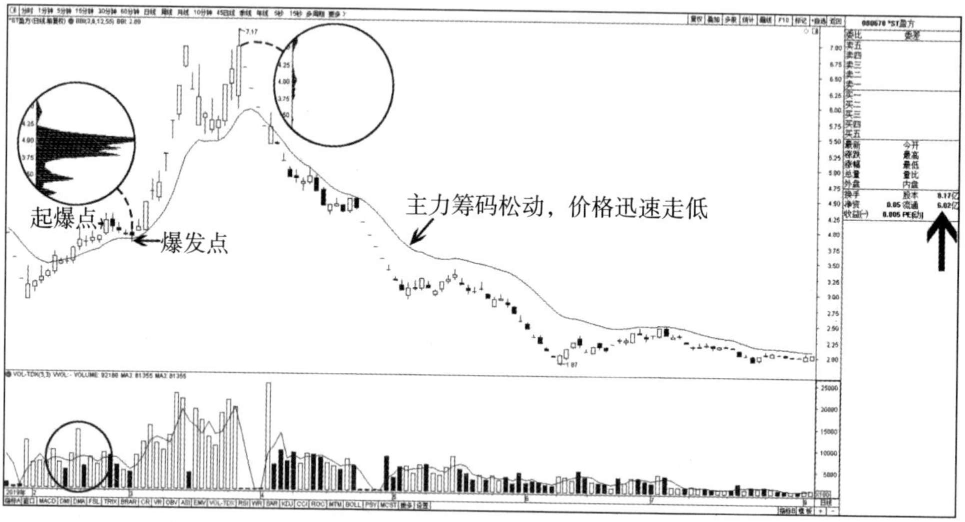

图4-5　流通盘较小的股票筹码松动后的走势

但是，对于一些流通盘较大的股票来说，当主力筹码峰开始松动时，股价随后几天甚至是几个月还会维持在高位继续振荡，甚至创出几次新高，如

图4-6所示。

但是，如果从主力筹码峰去判断，就会发现自从主力筹码峰开始松动，也就是从主力开始出货的那一天起，随后的振荡包括股价创新高的整个过程，主力都在不断地出货。如图4-7所示。

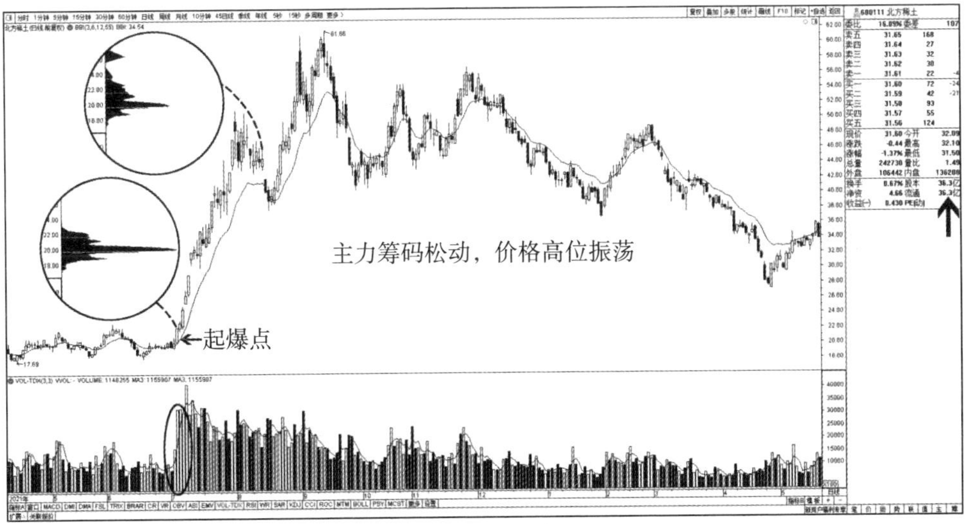

图4-6　流通股较大股票筹码松动后的走势

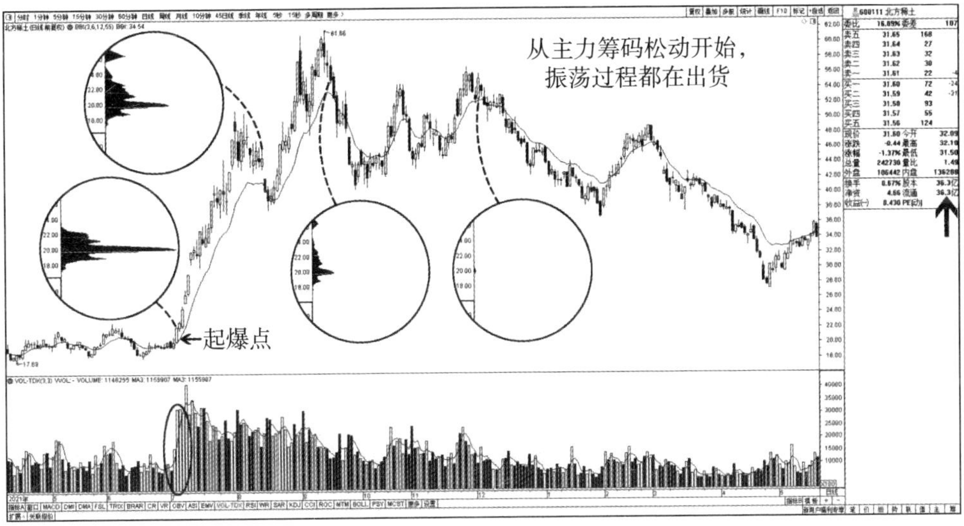

图4-7　主力出货与筹码峰的变化

为什么？因为主力持有的筹码太多了，不可能在短时间之内出完，所以才会以高位振荡或者拉高出货的方式逐步清空手中持有的筹码。从图4-6和图4-7中看到的就是主力高位振荡，逐步清空手中筹码的全部过程，大家认真看看，仔细琢磨。

实战中，如果交易者是一个交易老手，对于一些大盘股，当主力开始清仓时，可以跟随主力的清仓步伐，一点一点地出。只要股价的波动还在预期的框架之内，可以去搏击一下市场最后的疯狂。但对于小盘股来说，一旦主力筹码峰开始松动，就应该果断止盈出局。当然，对于交易新手来说，无论是小盘股还是大盘股，一旦发现主力筹码峰有松动迹象，就应该果断平仓，因为新手很难拿捏得住这其中的分寸。市场盈利的关键就是只参与自己能把握的机会，只做自己看得懂的交易。俗话说得好：谨慎能捕千秋蝉，小心驶得万年船。

除了用筹码峰判断主力是否已经离场，跟随主力及时止盈之外，还可以用其他方法来判断股价反转信号，以便精准逃顶。

根据道氏理论对上升趋势的定义，主要的顶部和主要的底部都在不断抬高，说明上升趋势保持良好。反之，如果股价不再创出新的顶部，说明上升趋势有反转的迹象。操作上，当发现一波牛市正在展开之中，经过正常的调整之后，股价再次展开上涨，当股价冲击调整之前的顶部遭受失败进而反转向下，就应该在股价反转时及时止盈出场。如图4-8所示。

股价反转向下到了此前调整的底部，在此位置受到支撑而展开上涨时，如果股价站到了BBI指标之上，这又将是新的买入信号。当股价再次来到前期顶部附近进行试探，如果冲击前高再次失败，股价反转向下，则此时应该果断平仓。如图4-9所示。

如果一波牛市已经稳步上涨了一段幅度，在上涨过程中，成交量表现稳定，并没有连续大幅放量的情况出现。突然有一天或者连续几天成交量明显放大，这往往就是主力短期出货的表现。

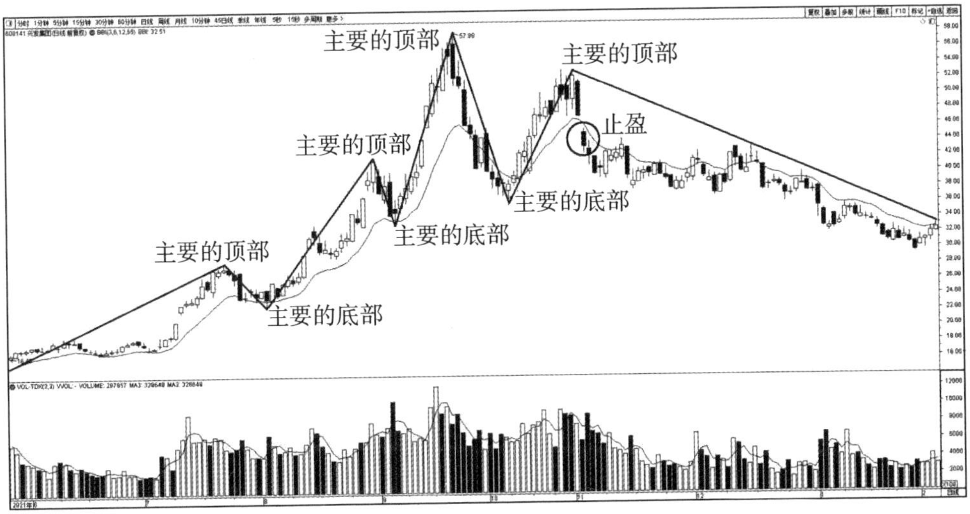

图4-8 趋势反转示例

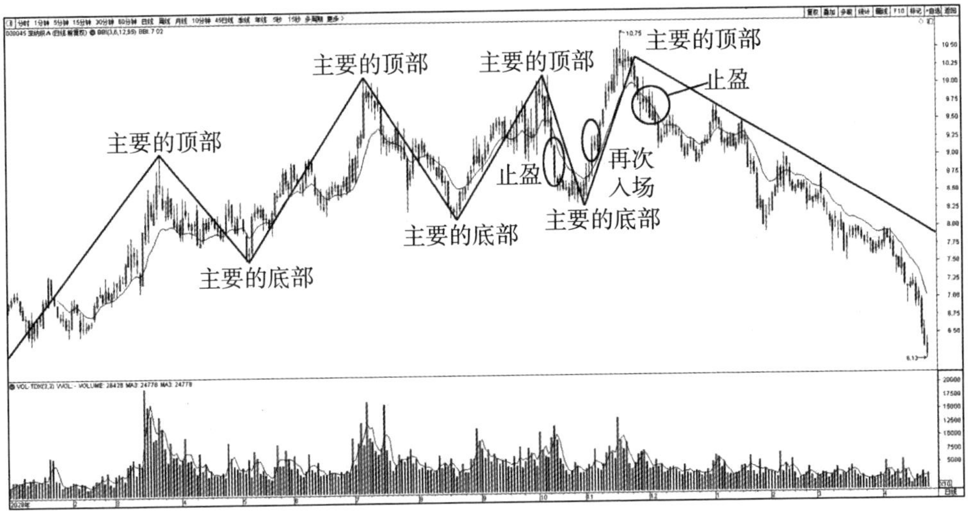

图4-9 发出买入信号后买入失败止损示例

大家试想一下，散户一般都是买涨不买跌的，当股价稳步上涨，散户肯定是买涨的那一方。由于股市是一对一的撮合交易机制，成交量放大说明买入的人多，同样地卖出的人也多。既然散户不可能在上涨行情中大量卖出，那只有一种可能，就是主力在大量卖出。既然主力在大量卖出，此处大幅放量区域就是精准逃顶的关键部位，应该及时止盈才对。如图4-10所示。

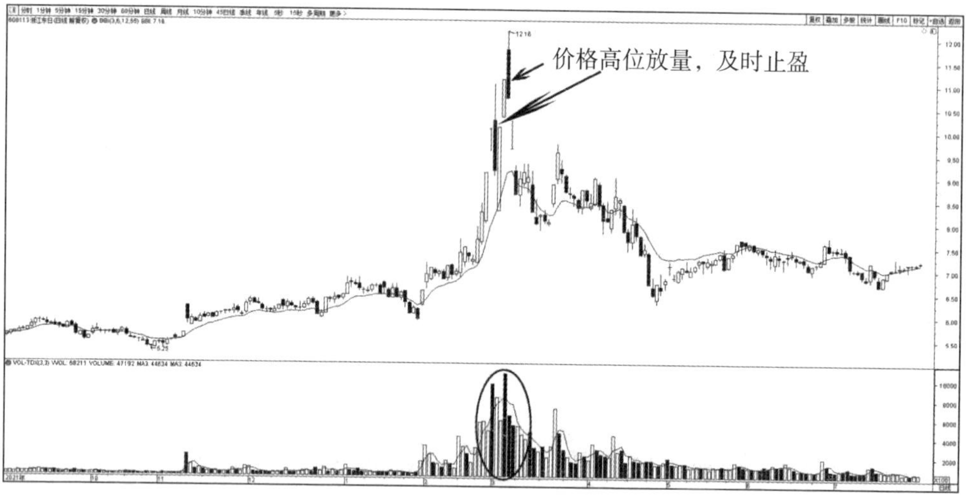

图4-10 精准逃顶示例

一般来说，底部放量往往是真底，顶部放量也是真顶。虽说有量才有价，但要区分高低位置，切不可混淆。关于成交量与股价的奥秘，笔者会在后续课堂中详细讲解。

在技术分析中，大家一定听说过顶背离这一技术术语。其实所谓顶背离，指的就是股价创了新高而技术指标并没有创新高，以此来确认顶部到来。

如图4-11所示，当股价不断创出新高时，发现MACD（Moving Average Convergence and Divergence）指标的能量柱并没有创新高，股价与指标之间出现了顶背离的特征。出现顶部背离，应该果断止盈。随后股价反转走低，说明这个判断完全正确。

不过，技术指标有时候会出现虚假信号，导致判断错误，因此，实战中必须排除虚假信号。应用中，对于技术指标给出的信号，只参考极限值。比如图4-11中，不仅MACD指标的能量柱与股价产生了顶背离，同时，MACD指标的指标线也出现了两个死叉，而且这两个死叉的高低与对应的股价相比也出现了顶背离的特征，因此，此处形成真正顶部的概率极大，应该果断止盈。

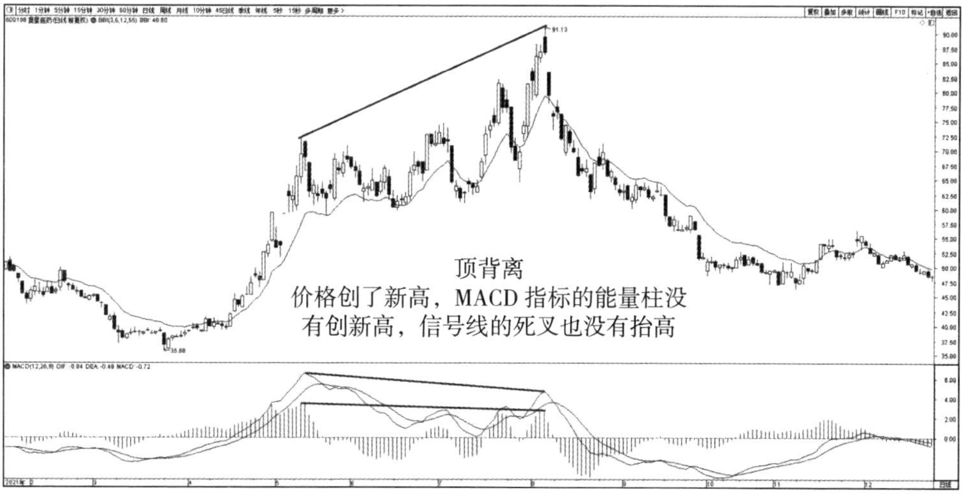

图4-11　用MACD指标判断顶背离

当然，除了MACD指标之外，RSI（Relative Strength Index）指标或者KDJ（Stochastic Indicator）指标等都会出现顶背离的特征，这些都可以作为逃顶的技术信号。如图4-12和图4-13所示。

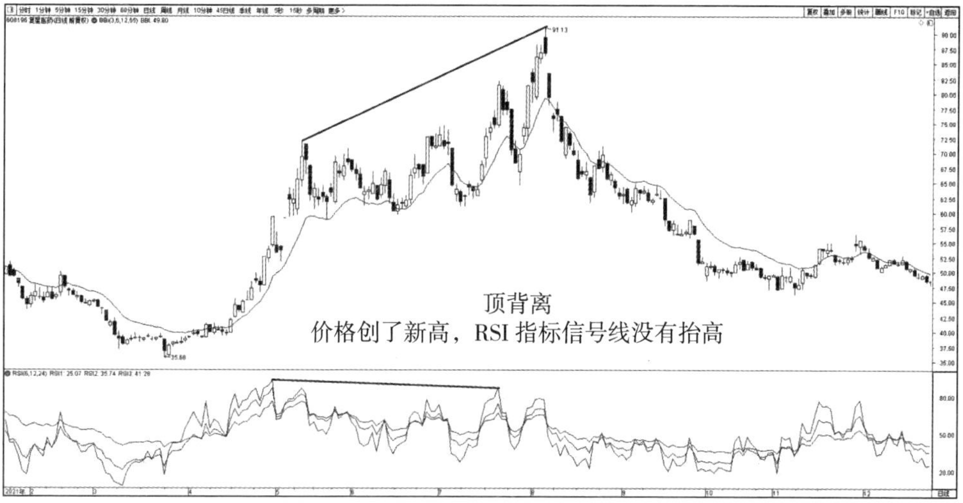

图4-12　用RSI指标判断顶背离

以上所讲的逃顶方法，都是单个波段趋势改变时的逃顶策略。主力选定一个攻击目标后，往往会在这只股票上创造出多个波段的牛市行情，实战中，多个波段也可以采取单个波段分别对待的方式进行逃顶。同时，也可以结合MACD指标与两个波段股价之间的顶背离信号加以判断。

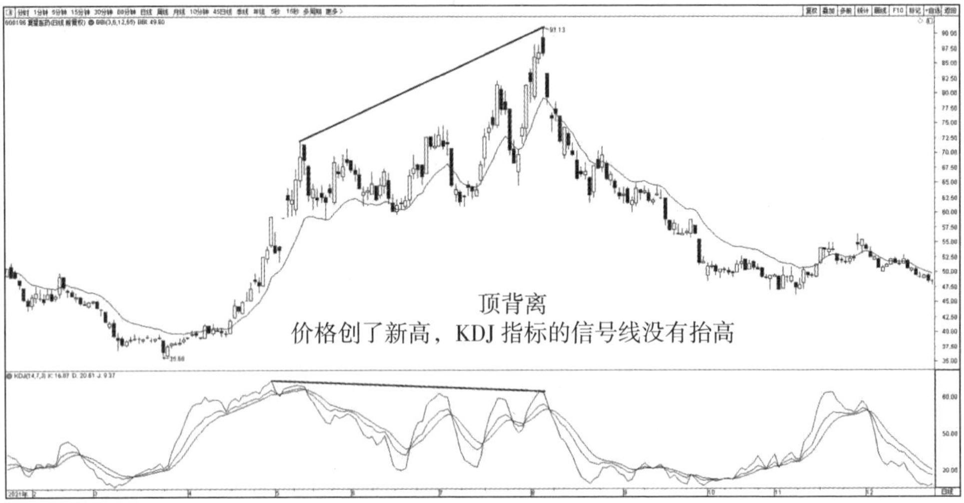

图4-13　用KDJ指标判断顶背离

如图4-14所示。由于MACD指标指引的是中期信号特征，而RSI指标和KDJ指标指引的是短期信号特征，所以，在判断相邻波段顶背离时，不建议用RSI指标和KDJ指标。

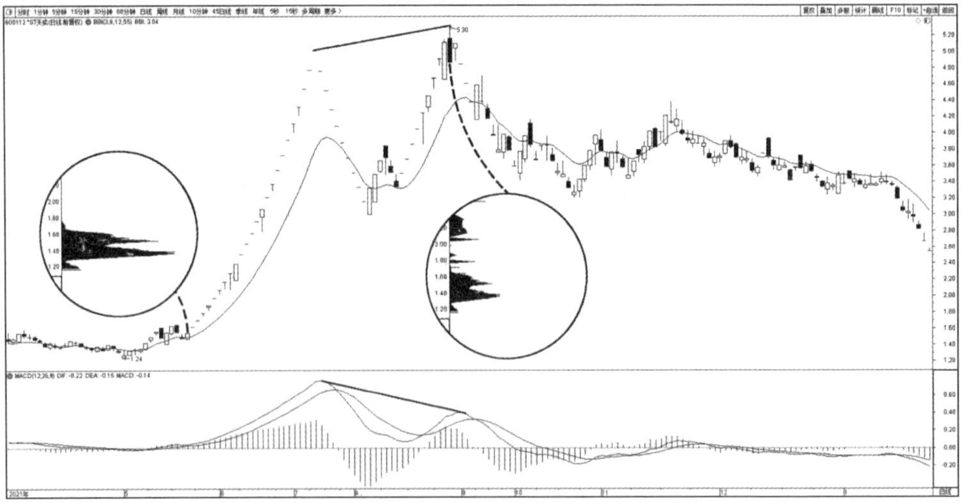

图4-14　多个上涨波段逃顶示例

根据艾略特波浪理论，所有的上升驱动浪都是5浪结构，因此，在股市中，所有上升波段的内部结构都由5个部分构成。只要确认了一波驱动浪型开始，然后仔细观察该浪型内部是否已经走完了5浪结构，即可判断这波牛市的顶部位置，从而做到精准逃顶。如图4-15、图4-16以及图4-17所示。

图4-15 用波浪理论确定顶部位置（1）

图4-16 用波浪理论确定顶部位置（2）

图4-17　用波浪理论确定顶部位置（3）

当然，这是艾略特波浪理论最简单的使用方式。想要对该理论进行深入的了解和研究，交易者可以通过学习艾略特本人以及一些前辈所写的相关著作。

其实，精准逃顶是一个综合判断的结果，不要仅凭单一信号或依据就确认顶部到来。当然，交易者还要有底线思维，即使所有的指标信号或大的波段框架都没有问题，但股价就是快速地走低，而且趋势明显有反转的迹象，此时就应该及时止盈出场，千万不可和市场对抗。市场永远是对的，交易者只有顺势而为，才能获得最终的胜利。

比如2007年10月份，当大盘到达6124.04点时，很多专家都鼓吹大盘要冲上1万点甚至2万点，但笔者在大盘跌破5500点后就全部清空了手中持有的股票，因为大盘跌破5400点后，趋势明显发生了改变。如图4-18所示。

无独有偶，2015年6月大盘再次破位5000点之后，很多人又说大盘要突破历史新高，冲上1万点。但笔者依然坚持趋势优先，用综合判断的方式在大盘冲高到5178.19点后，在驱动浪型的内部5浪结构已经结束的情况下，迅速清仓了手中持有的全部股票。如图4-19所示。

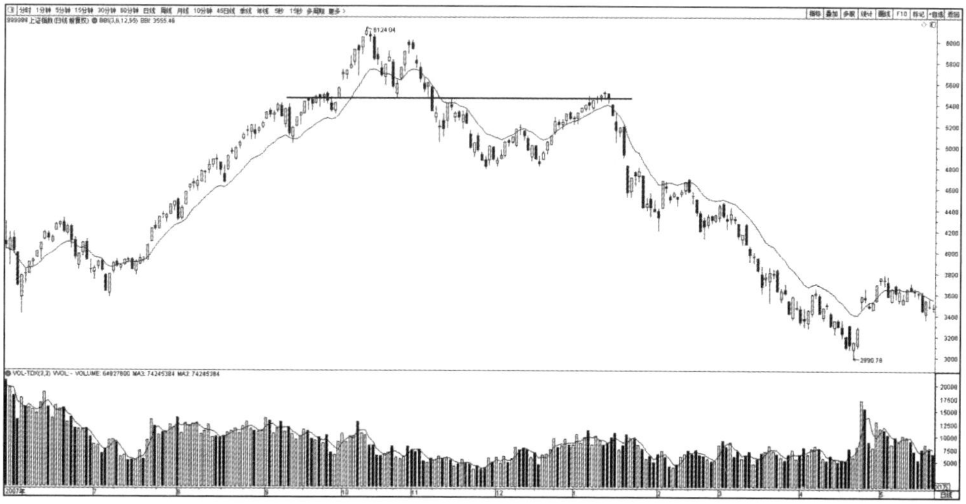

图4-18　趋势反转示例

图4-19　用波浪理论判断顶部应用实例

2021年2月18日，当大盘来到3731.69点后，对应的反转也同样可以用5浪结构结束和MACD指标顶背离来确认顶部的到来，同时及时逃顶。如图4-20所示。

其实成功逃顶并不难，难的是时刻都要保持冷静，不要被大幅上升的行情冲昏了头脑，也不要被市场中充斥的非理性声音蛊惑。无论任何时候都要记住，没有只涨不跌的行情，市场就像人爬坡一样，向上走累了总要休息一下。实战中，既要在行情启动时及时入场，更要在行情结束时迅速了结，这才是完美的市场交易方式。

图4-20　用波浪理论结合MACD指标判断顶部实例

当然，要想做到更加完美地精准逃顶，就离不开接下来课程中给大家讲解的相关知识要点。朋友们，还等什么，赶快开启下一堂课程的学习吧！

第五堂必修课

如何在股市做 T+0 交易

天有不测风云，人有旦夕祸福，这是自然规律。股价有涨跌，成交有先后，这是市场常识。人们总是热衷于研究晦涩难懂的理论，却往往忽视简洁实用的准则，这是人的天性。但一切终究还是要归于那句真理——大道至简！

市场的确有它自身的运行模式，正如波浪理论阐述的股价波动规律。市场确实也有它自己的作息时间，就像江恩理论揭示的时间周期法则。市场当然也存在涨跌的基本规律，大家一眼就能发现这其中的奥秘，不信你看。如图5-1所示。

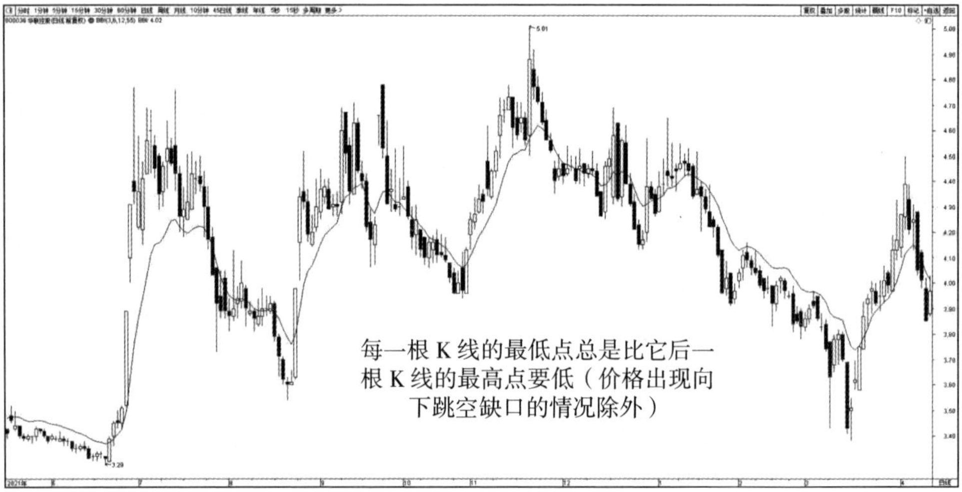

图5-1　K线特点

从图中可以看到，每一根K线的最低点总是比它后一根K线的最高点要低（股价出现向下跳空缺口的情况除外）。对，的确如此！那么，如果能买在当天的最低点，抛在第二天的最高点，这样一来，无论股价上涨也好，下跌也罢，几乎每天都有赚钱的机会。如图5-2所示，在不考虑交易成本的前提下，如果在3.95元买进而在4.35元抛售，进行波段交易，每股利润空间为0.4元。

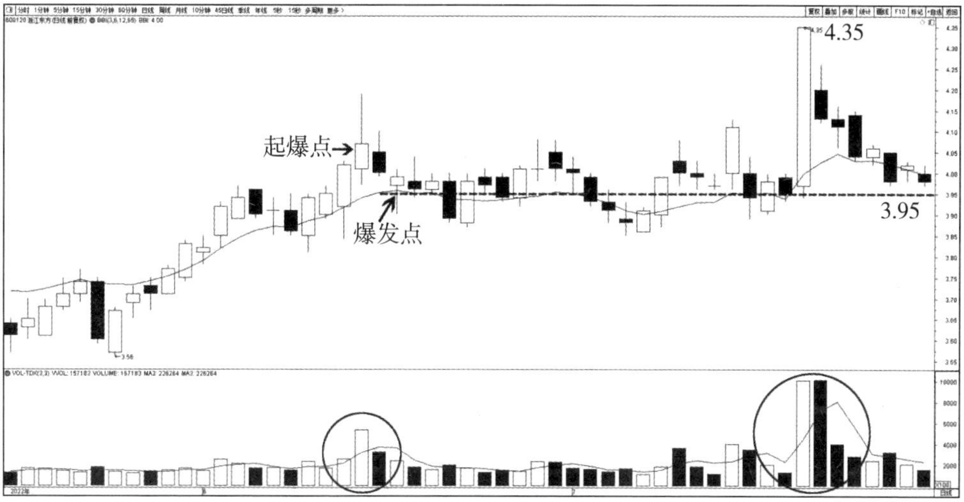

图5-2　波段交易示例

但是，如果从爆发点开始，每天坚持在当天最低点买入，第二天在最高点抛售，每股盈利空间则是2.82元。这比单纯做波段行情的利润翻了7倍多。如表5-1所示。

表 5-1　股票交易结果统计

序号	当天最低点（买入价）	第二天最高点（卖出价）	交易结果
1	3.90	4.04	0.14
2	3.94	4.00	0.06
3	3.95	4.00	0.05
4	3.88	4.00	0.12
5	3.87	4.01	0.14
6	3.95	4.00	0.05
7	3.93	4.02	0.09
8	3.92	4.08	0.16

（续表）

序号	当天最低点（买入价）	第二天最高点（卖出价）	交易结果
9	3.98	4.08	0.10
10	3.98	4.04	0.06
11	3.95	4.00	0.05
12	3.92	3.96	0.04
13	3.88	3.93	0.05
14	3.85	3.92	0.07
15	3.86	3.99	0.13
16	3.87	4.08	0.21
17	3.97	4.03	0.06
18	3.96	4.00	0.04
19	3.96	4.13	0.17
20	3.96	4.04	0.08
21	3.89	4.00	0.11
22	3.90	4.00	0.10
23	3.93	4.35	0.42
24	3.94	4.26	0.32
交易结果总计			2.82

不仅如此，如果有人股票被套，在股价向下调整的过程中拿一部分资金进行这样的交易，那么不仅不会亏钱，反而还能赚不少。如图5-3所示，从图中可以看到，假如被套的股票任由股价下跌，则硬生生地每股亏损0.6元。但如果采取补救措施，不仅没有亏钱，反而每股赚了3.81元，如表5-2所示。

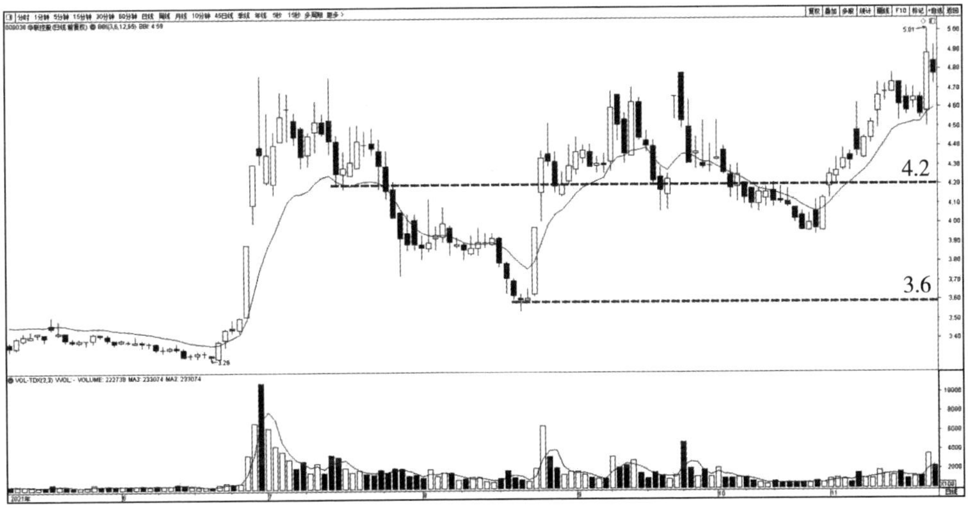

图5-3　不采取自救措施交易示例

表 5-2　采取自救措施后的股票交易结果统计

序号	当天最低点（元）	第二天最高点（元）	交易结果
1	4.20	4.38	0.18
2	4.18	4.51	0.33
3	4.25	4.52	0.27
4	4.29	4.48	0.19
5	4.35	4.5	0.15
6	4.36	4.44	0.08
7	4.18	4.38	0.20
8	4.13	4.22	0.09
9	4.03	4.06	0.03
10	3.73	4.05	0.32
11	3.86	4.05	0.19
12	3.86	3.94	0.08
13	3.81	4.13	0.32

（续表）

14	3.85	3.99	0.14
15	3.86	4.09	0.23
16	3.90	3.99	0.09
17	3.83	3.93	0.10
18	3.87	3.90	0.03
19	3.81	3.94	0.13
20	3.83	3.98	0.15
21	3.83	3.95	0.12
22	3.87	3.95	0.08
23	3.88	3.93	0.05
24	3.77	3.80	0.03
25	3.63	3.71	0.08
26	3.60	3.63	0.03
27	3.54	3.66	0.12
交易结果总计			3.81

以上所说的方法，其实就是在T+1交易制度安排下进行的T+0交易的底层逻辑。目前，国内股票市场依然实行T+1交易制度。所谓T+1，就是说当天买进的股票只有到第二天才能卖出，当天是不允许抛售的。这种交易制度尽管限制了部分投机行为，但对于交易者来说却增加了持仓的风险。本来当天买进的股票，如果买入后出现上涨且赚了钱，当天即可止盈出场，落袋为安。但T+1交易制度却使得交易者必须在第二天才能够抛售。如果第二天股价直接跳空低开低走，本来赚钱的买卖就有可能变成了亏损。不过，实战中依然有方法在T+1交易制度下进行T+0的交易操作，这就是大家常说的“做T”。

具体方法是这样的，假如交易者账上有买入2000股的资金，但是不要全部投入这些资金买进2000股，而是只买1000股。第二天如果股价先走出最低点，就尽可能地在最低点附近买入1000股，此时交易者账户中就有2000股了。然后在当天的股价最高点附近卖出1000股，这时发现账户上还是只剩下1000股，但是交易者却已经赚取了当天波动的差价。表面上看，好像你当天买进1000股又抛掉1000股，似乎是当天买入当天卖出的。但事实是，你当天的确买入了1000股，但抛售的那笔1000股则是前一天已经买进的底仓。所以，这看似T+0的交易，实则是前一天留了底仓的缘故。

当然，这里还有一点需要补充一下，那就是如果第二天先走出的不是最低点而是最高点，那么你就应该在最高点附近先抛掉1000股，这时你账户中没有股票了，等到当天出现最低点时，你再买入1000股即可，这样当天就做了一次T+0的交易，而且为次日做T留好了底仓。只要这个底仓在，你就可以持续地进行T+0操作。

综上所述，其实做T并不难，但是要确保每一次做T都能够成功，就必须把以下六个要点执行到位。

要点一：并非所有的股票都适合做T。任何交易都是有成本的，交易者都想尽可能地买在最低点而卖在最高点。但在实战中，买到的往往是次低点，卖出的则是次高点，掐头去尾的同时，还要减去交易的手续费等成本，要求做T的股票每天的波幅至少在5%以上。

要点二：股票交易采取的是撮合制，买卖双方必须一一对应。也就是说你买就必须有人卖，你要卖则必须有人买，如此交易才能成功。所以，做T时必须采用挂单的方式进行交易，根据股价变动趋势预判可能的最高点及最低点位置，提前挂单即可。这样做还有个好处，那就是刚好避免了人性的贪婪与恐惧对交易结果的影响。当股价到了预期中的低点或者高点时，很多人觉得可能还会有更低的低点和更高的高点，犹豫不决，往往错失交易的良机。

要点三：做T的关键是成功率。通过做T赚到的是额外的利润，几千也好，几百也罢，只要股价有反转的迹象，就要及时止盈，完成做T的交易，不要因为过分贪婪而影响你的整体利润。

要点四：实战中，当你买入之后，如果这只股票先封死涨停又打开，就应该在打开涨停时及时卖出股票，完成做T。如果一直封死涨停，而且之前主力筹码峰没有松动迹象，就千万不要卖出。因为一旦股价封死涨停，第二天很可能还会高开，甚至出现连续涨停的走势，如图5-4所示。千万不要为做T而做T，利润最大化才是交易的关键！

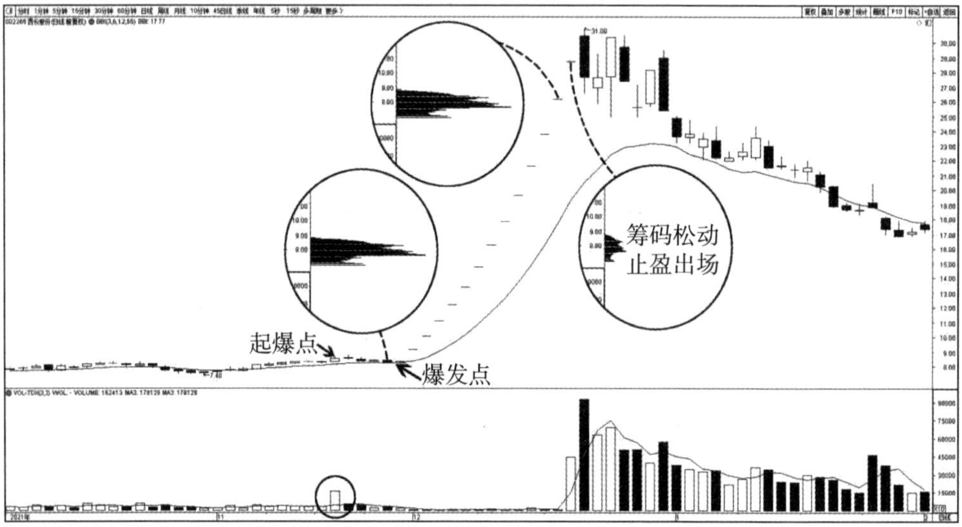

图5-4　做T的特殊示例

要点五：尽管国内股市每一天的交易时间只有4个小时，但就在这短短的4个小时内，股价此起彼伏，时刻暗藏玄机，这对于做T把握买卖点来说至关重要。

股市早晨9:30开盘一直到9:45这个区间，是公认的主力展示盘口语言的关键时刻。这个时间段只要没有大的负面消息，分时图量价表现正常，那么一旦股价站上分时均价线，股价就会稳步上涨，甚至直接封死涨停，所以这个时段是买入的关键时刻。

9:45到10:10，这个时间段是主力在早盘顺势上涨的时段。如果某只股票是短期热点，在“强者恒强”的市场格局中，这个时段就会创造当天的最高点。一旦高点出现，则是做T卖出的最佳时机。

10:10到11:00，这是主力早盘大批入场的关键时间段，其中既有少部分先知先觉的主力，还有大部分后知后觉的主力。早盘开盘后经过近一个小时的消化，该出现的正负两面的消息已经出尽，主力看准时机开始大举入场，这个时间段是最能看清短期主力喜好的关键时间段，会有不错的买入机会。

11:00到11:30，是股市早盘收盘之前的最后半小时，这半个小时内出现极速上涨的股票千万不要追买。因为该时间段主力往往会故意拉升一些将要抛售的股票，这是专门给下午要买入股票的人设的套。一旦贸然追进去，下午开盘就直接来个暴跌，根本没有止损的机会，切记不要上当。如图5-5所示。

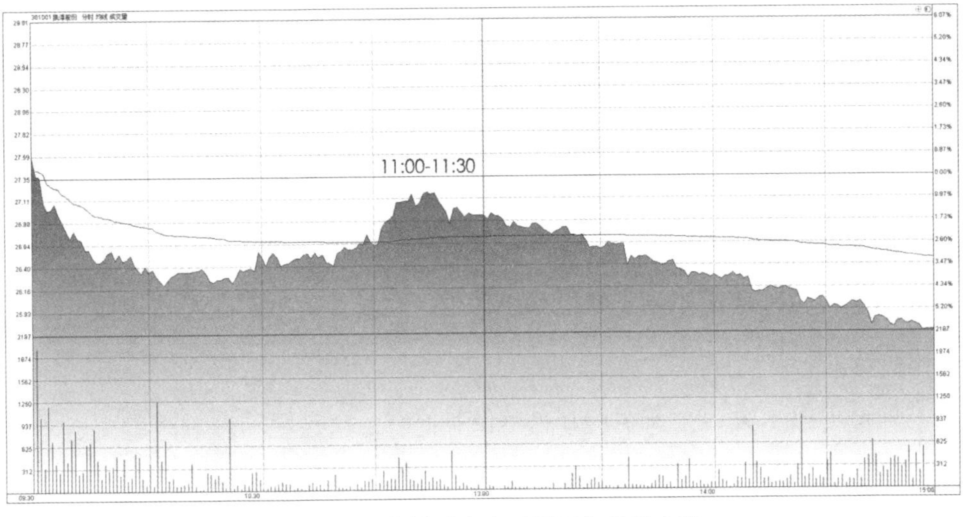

图5-5　早盘最后半小时及下午盘的走势

13:00到13:30，这是下午盘开盘后消息面进一步消化的时间段，大多数该进场的早盘已经进了，如果没有什么特殊情况，股票价格不会有大的动作，所以该时段以耐心观望为主。

13:30到14:00，这是下午盘主力再次发力的关键时间。如果主力在早盘已经将一只股票拉升了一波，那么这个时间段很容易出现新一波上涨，甚至直接拉到涨停，所以这个时段也是出现当日最高价的关键时间区间。

14:00到14:30，这是妖股最“妖”的时间段。早盘这些股票走势可能还没什么起色，下午开盘也在那里蜗步潜行，但在该时段，股价可能短短几分钟内就能几乎以直线上涨的形式拉到涨停，所以这是个擒“妖”的关键时间区间。只要妖股能够一直封死涨停，就可以继续持有。反之，则要果断止损，完成当天的做T交易即可。

14:30到15:00，下午盘收盘前的最后半小时，这是弱势行情短线诱多的关键时间区间。如果大盘表现弱势甚至糟糕，这个时段迅速上涨或者涨停的股票万万不可追，一旦追进去，第二天上午一开盘很可能就吃个跌停。所以，对于这种类型的股票，应及时止盈出场，切勿恋战。

记住这些关键的买卖时间区间，同时结合做T股票自身的特点，精准把握买卖点和买卖时机即可。

要点六：关于买卖点的把握，还有一个非常实用的方法，那就是把多日分时图（即5日分时走势图）调出来，标注出最近一周以来关键的底部与顶部。这些位置都是重要的支撑位与压力位，也是重要的买入及卖出点。如图5-6所示。

把握好以上六点，对于成功做T非常重要，这是在不影响波段交易的前提之下进行的一种每天都有利润可赚的最佳操盘方式。对于资金有限的散户朋友们来说，如果一年只做一两次大波段的盈利交易，是无法满足他们的交易欲望的。只有长线赚，短线也赚，才能够以最快的速度放大本金，进而越赚越多，最终实现自己的盈利目标。

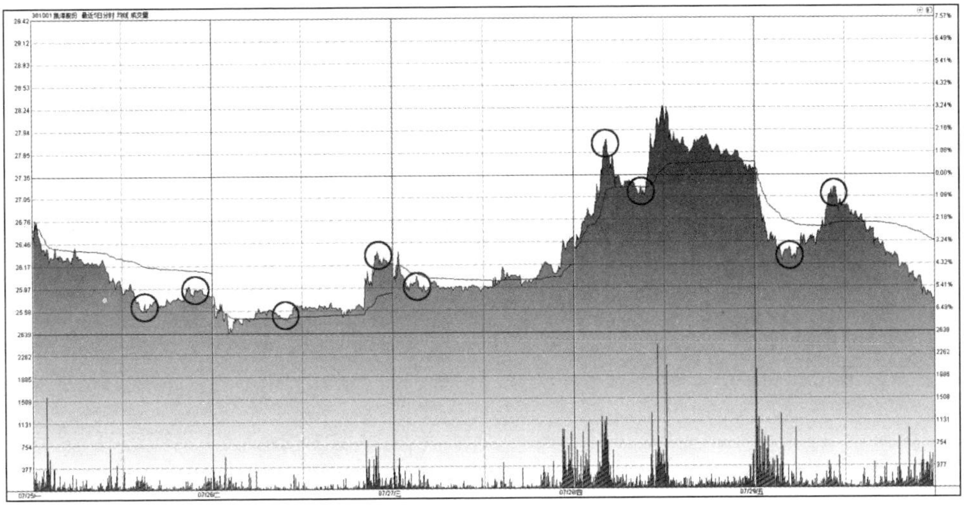

图5-6　五日分时图上的重要点位

当然，有效识别分时图的量价关系，对于精准把握买卖点来说至关重要。那么，如何如运用分时图来确认精准的买卖点呢？关于这个问题，请听下一堂课的详细讲解。

第六堂必修课

如何运用分时图确认精准买卖点

细节决定成败，小处才见真章。人生如此，市场交易也是这样。交易者既要有效把握市场大的框架，顺势而为，更要关注趋势内部的细节变化，以更加微观的方式来精准把握买卖点。实战中，趋势一旦形成，往往要持续一段时间，所以把握大的趋势比较容易。但在短时间的尺度中，市场情绪及股价波动更加飘忽不定，微观形态的确认相对困难，必须借助有效的分析工具才能跟庄擒龙，这个工具就是这堂课要给大家详细讲解的要点——分时图。

如图6-1所示，这里先把分时图的五个关键要素讲解清楚。

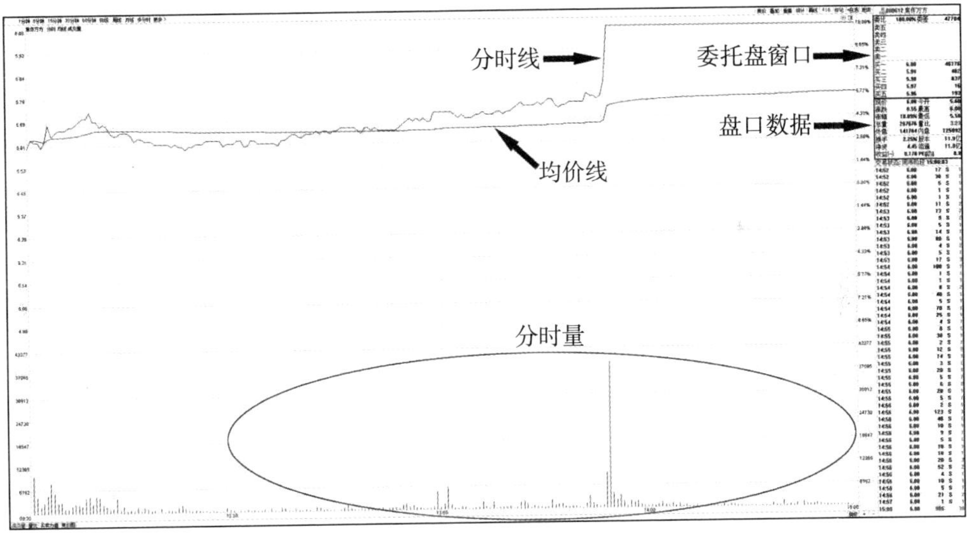

图6-1　分时图组成要素

（1）分时线

分时线是分时图中表示成交股价随时间变化的曲线，它不仅代表了牛熊力量的分时转化情况，而且还直观地揭示了股票走势的强弱格局。

（2）均价线

均价线的核心就是表示该股票的当日平均交易成本随时间的变化情况，其作用与K线图中的移动平均线类似。计算方法很简单：到目前这一刻为止当日成交总金额除以到目前这一刻为止当日成交总股数。

（3）分时量

分时量表示分时图中每一分钟股票成交量的大小。在运用分时图的量价关系对股价走势进行分析时，它是必不可少的。

（4）委托盘窗口

该窗口展现的分别是五档委托卖出盘和委托买入盘的实时数据变化情况，这是买卖双方最直观的实时力量对比窗口。

（5）盘口数据

该窗口展现的是股票的换手率、每股净资产、总股本以及流通股本等基本数据，为交易者实时查阅相关参数提供了便利。

分时图体现的就是股价当天最直观的实时细节变化。分时图上的量价关系以及分时线与均价线之间的支撑与压力情况，为确认精准的买卖点提供了依据。如图6-2所示，如果仅用当天单根K线，很难确认具体的入场及出场位，但借助分时图，这个难题即可迎刃而解。同时，分时图也为上一堂课中做T时确认买卖点提供了技术支持。

众所周知，早盘9:30股市开盘，但其实在开盘前也就是9:15到9:25这10分钟时间里，多空力量就已经开始角逐。9:15到9:20这5分钟内的委托买入和委托卖出数据没有可观测性，因为在这个时间区间内，委托单是挂单后可以撤单的。从9:20开始到9:25这5分钟时间内，只能挂单，不能撤单，所

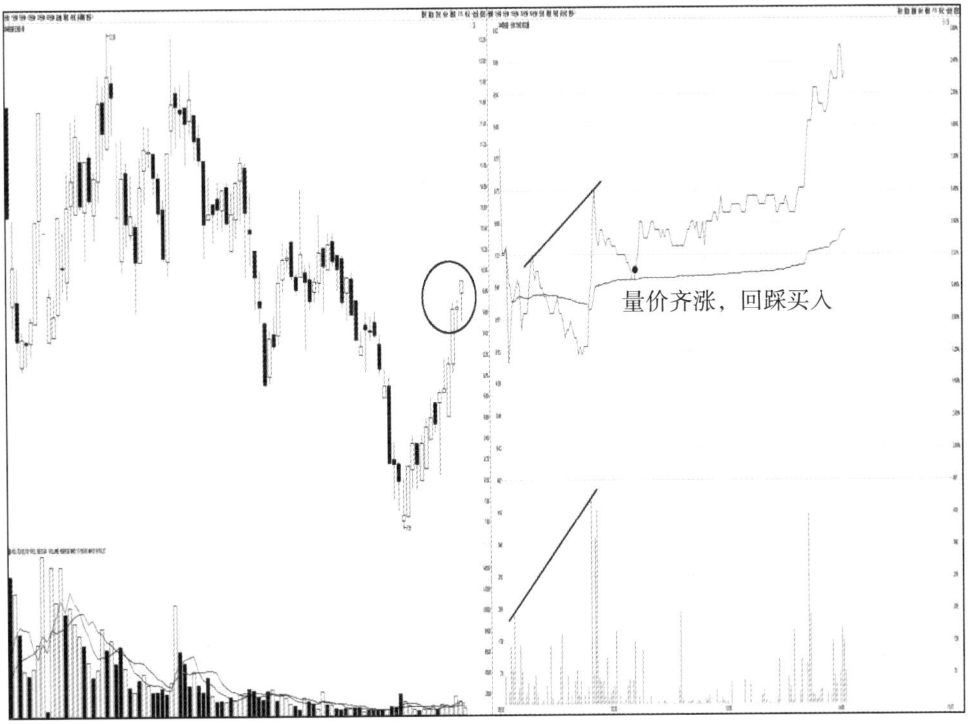

图6-2　用分时图确认买卖点

以这一时间段要重点盯住分时图的委托盘窗口，看一下委托买入和委托卖出挂出的大单变化情况，从而揣摩主力真实的意图。

9:30开盘后，就可以观察分时图的变化情况，并相应做出买卖决定。总结起来，主要有以下十种确定买卖点的典型模式，大家按图索骥即可。

如图6-3所示，分时线站上均价线之后就一直稳步上涨，只要股价不跌破均价线，即可一直持有。一旦股价跌破均价线，则果断出场。或许有人说，万一是假跌破呢？有这种想法的人还太稚嫩了：万一是真跌破，岂不就亏损了。所以，实战中务必坚持以下原则：不破，持有；破位，平仓即可。隔天如果股价再站稳在均价线之上，有的是入场的机会。

图6-4则体现的是与图6-3相反的情况，只要股价一直在均价线下方运行，就不要试图入场。

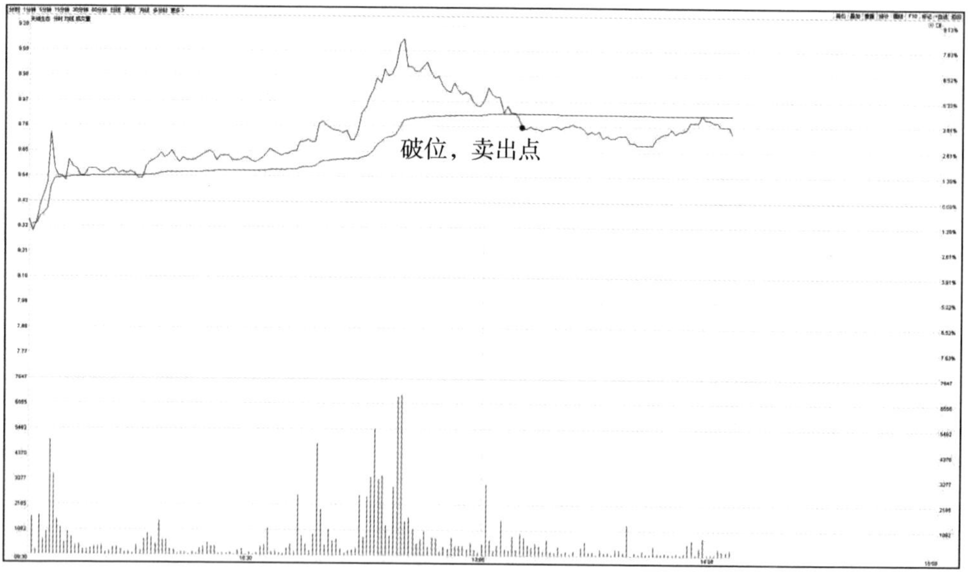

图6-3 买卖点的确定

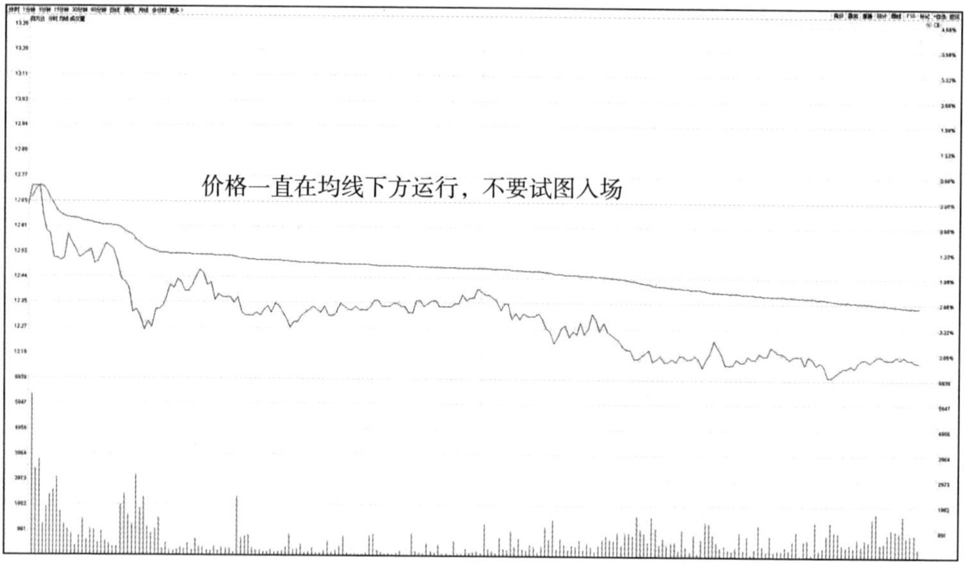

图6-4 股价在均价线下方运行：无入场机会

量价齐涨，说明主力在稳步拉升股价，这时应跟随主力的节奏与庄共舞，属于买入信号。如图6-5所示。

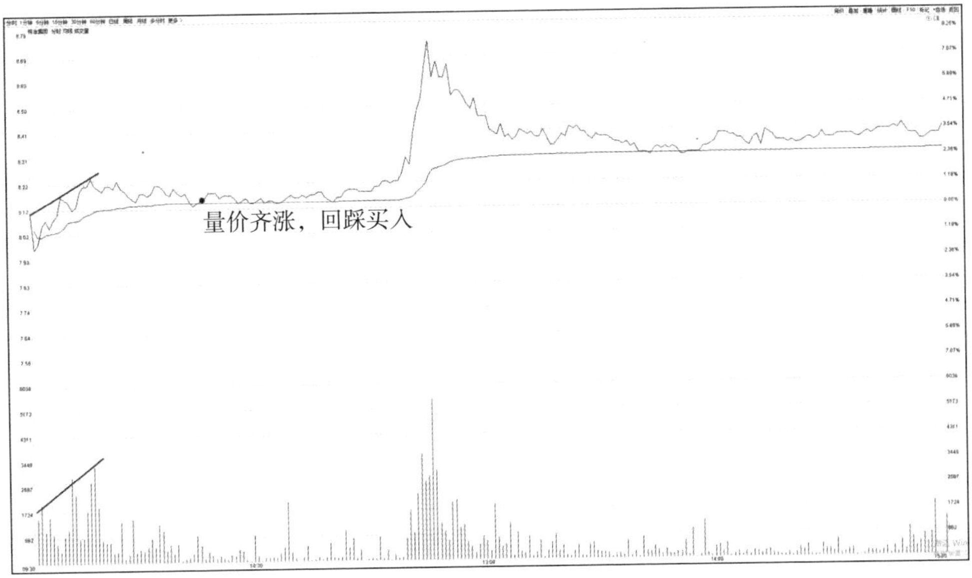

图6-5　根据早盘运行情况确定介入点

量价不配合，股价越是被拉高，量能却越是萎缩，量价背离，股价拉高掉头即是卖出信号。如图6-6所示。

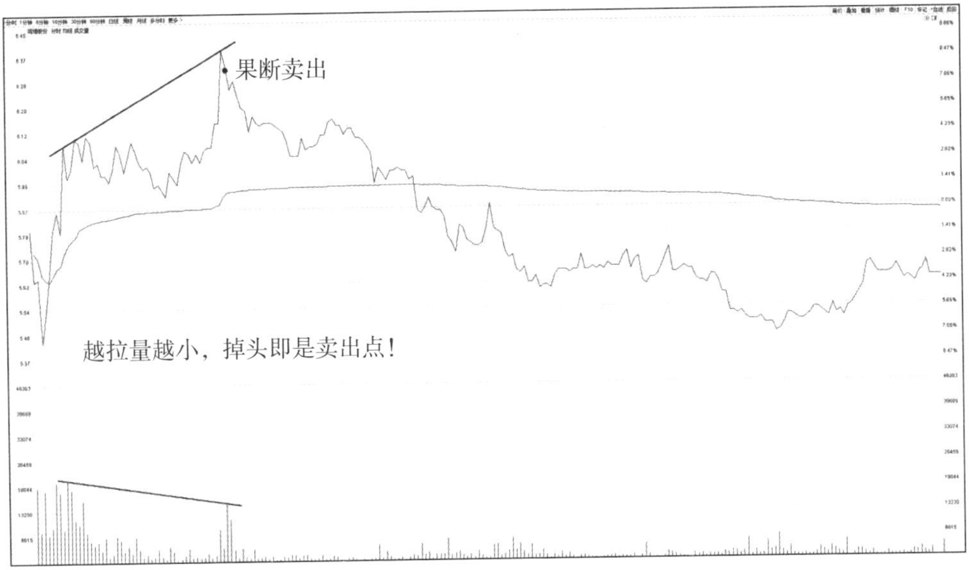

图6-6　卖出点的确定

图6–7展示的情况是这样的，一开始，股价站稳均价线后持续上涨，期间回踩过均线，然后再创新高，量能也创出新高，这叫量价齐涨，没有问题。但随后股价再次调整并创出新高时，量能并没有再创新高，这说明主力买入态度不够坚定，因此出现了量价背离，股价拉高后掉头即是卖出点。

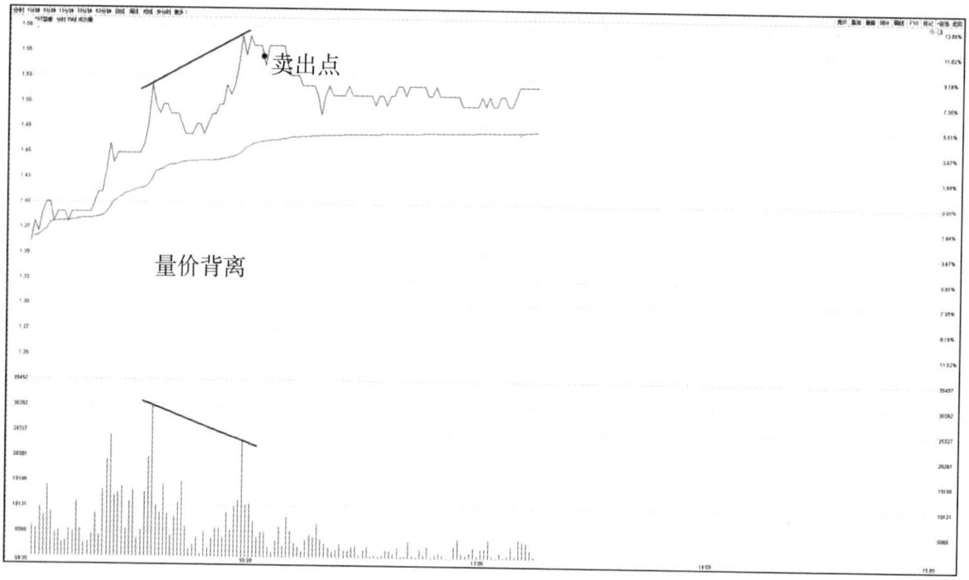

图6–7　量价背离确定卖点

图6–8中展示的则是股价稳步上涨，量能持续创新高，直至股价涨停。这种情况说明主力买入态度坚决，可以继续持有，下一个交易日开盘有望继续走高。

量价配合完美，股价上涨放量，调整缩量，随后拉升突破前面的高点，而且分时成交量快速放大，属于买入信号 。如图6–9所示。

股价快速拉升，量能却没有持续放大，而且均价线也没有快速地跟上来，分时股价线与均价线产生乖离，股价掉头之时就是最佳的卖出点。如图6–10所示。

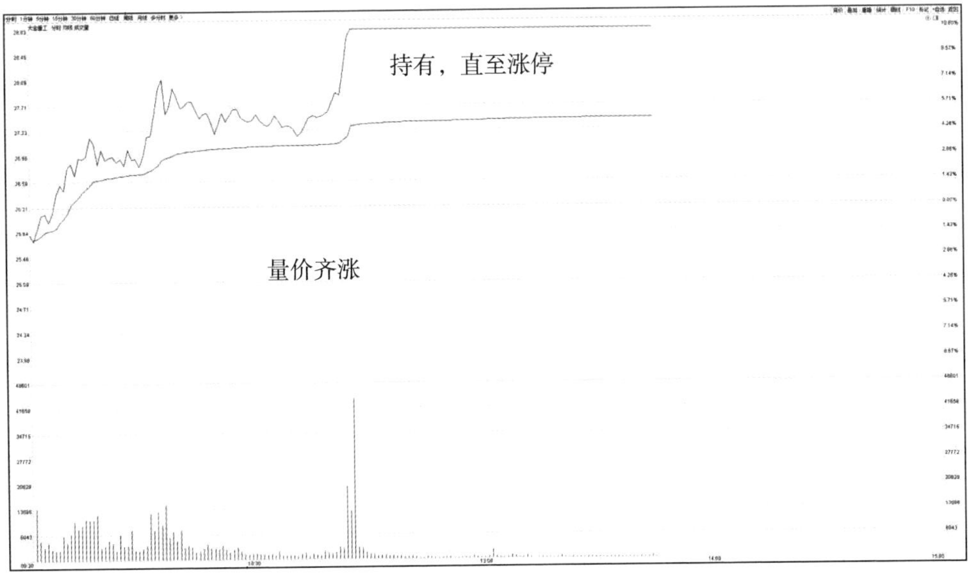

图6-8　量价齐涨：持有

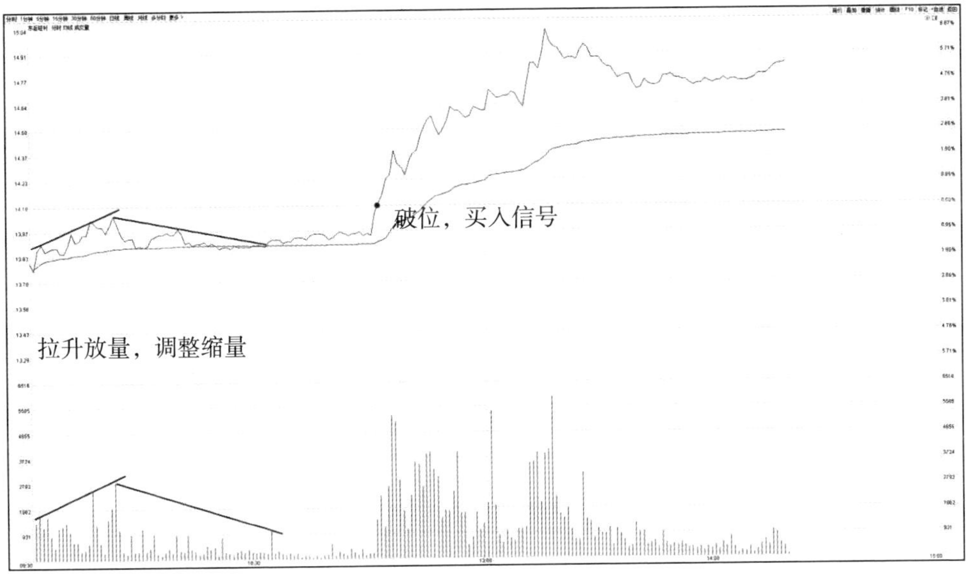

图6-9　突破前高：买入

开盘后，股价一直围绕均价线上下运行。突然股价突破整理区间上方的压力位，而且量能快速放大，此时发出买入信号。如图6-11所示。

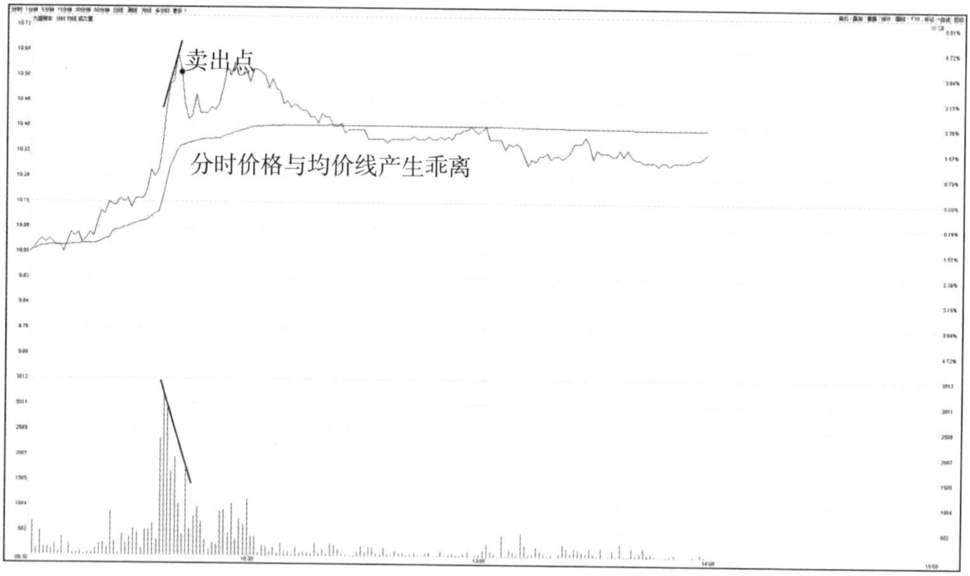

图6-10　分时股价线与均价线乖离时的卖出点选择

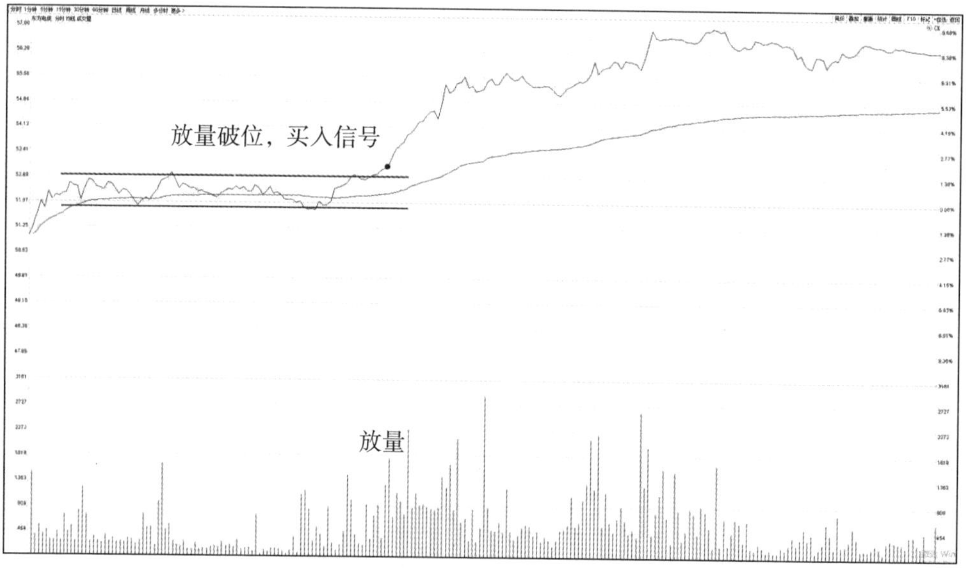

图6-11　突破压力位发出买入信号

与6-11相反的是，股价经过整理后跌破整理区间下方支撑位，同时量能快速放大，属于卖出信号。如图6-12所示。

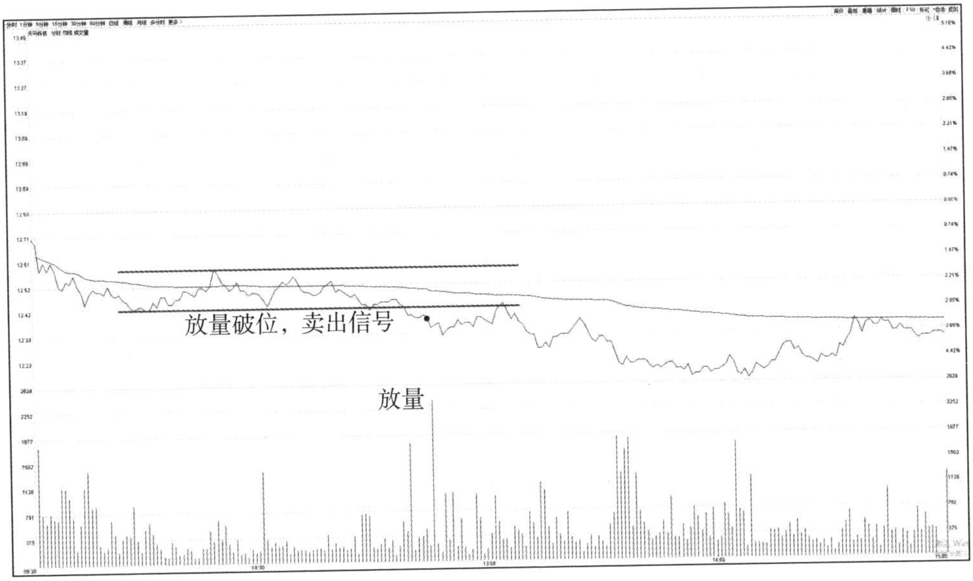

图6-12　跌破下方支撑位发出卖出信号

运用分时图把握买卖点，关键是要精准和及时。开盘后大家一定要紧盯分时线，只要分时线一直在均价线上方运行，而且股价连创新高，量能也跟随创新高，上涨走势就没有问题，可以一直持有筹码。有时候股价会被一直拉到涨停。只要能封死涨停板，交易者可以持仓过夜。反之，则要及时止盈，完成做T即可。

同时，股价上涨往往不会一蹴而就，而是分波段进行。如果在股价上涨过程中第一次创了新高，观察量价没有发现问题，随后再次尝试股价创新高时并没有成功，那么股价掉头回调之时就是卖出点。如图6–13所示。

分时图中，分时量的分布越均匀越好。最忌讳的就是那种抽风式的量能分布，说明主力控盘比较稀松，而且买卖没有章法，这样很容易导致市场情绪不稳，遇到这种情况理应卖出。如图6–14所示。

分时图中还有一个委托盘窗口，大家不要忽视这个委托盘窗口中的信息。一只股票经过底部振荡之后被拉升了一小波，接下来的某一天，如果发现盘中在卖二和卖三位置始终挂着千手以上的大卖单，压着股价走，感觉股价要大跌的样子，但股价却始终没有出现大的调整，这就说明主力在暗度陈仓。这种股票即将上涨的可能性大，应该择机买入。

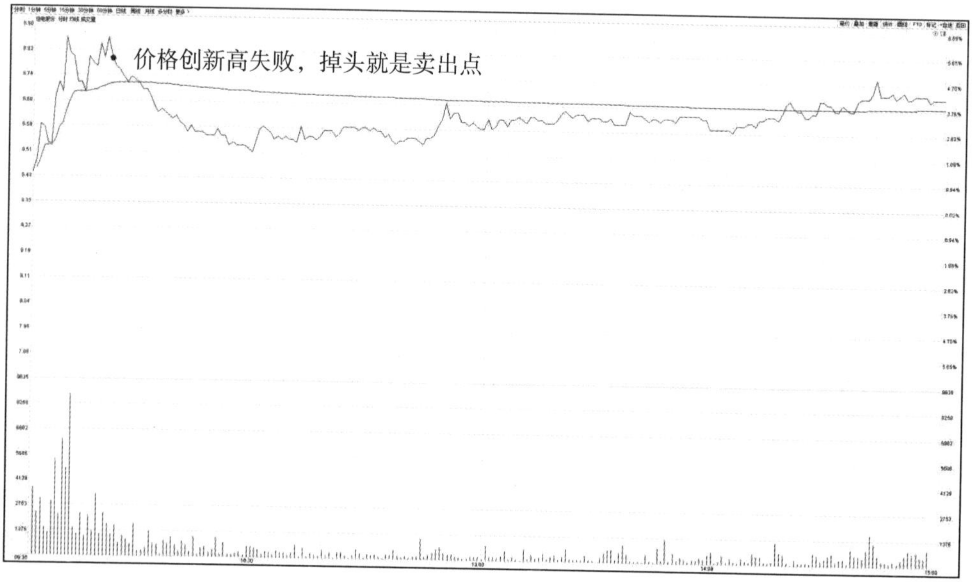

图6-13　二次尝试创新高失败发出卖出信号

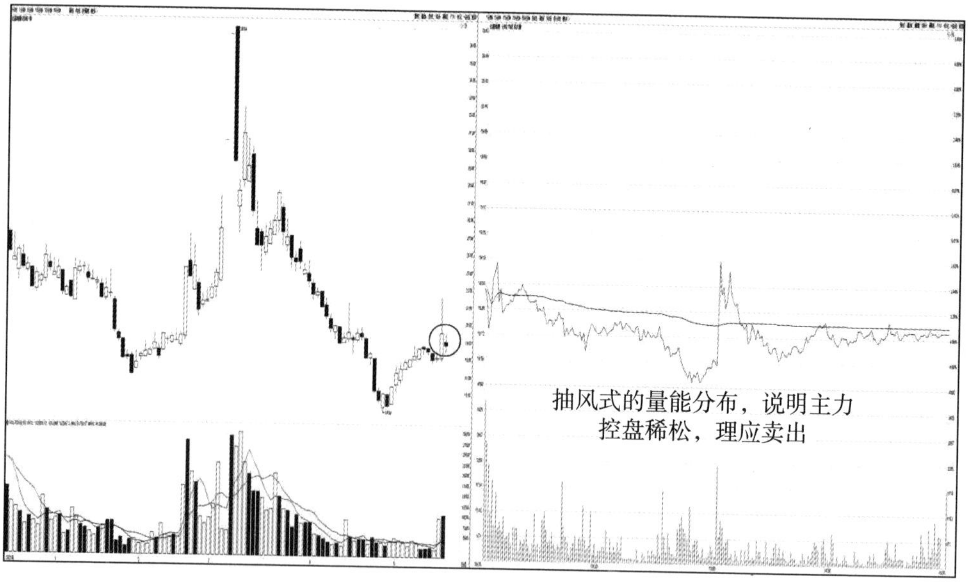

图6-14　散乱的操作模式发出卖出信号

同样，如果一只股票已经上涨了很多，开盘后股价振荡走低，但是在买二和买三位置出现千手以上的大买单，看上去好像是主力在护盘，但股价就是不涨，而且成交量还出现明显萎缩，这就说明主力是在出货，此时应该果断卖出才是。

股票市场其实就是一个博弈的场所，散户朋友应该时刻保持警惕，运用任何实用的工具捕捉市场可能发出的交易信号，既不要错过买入的机会，更不要错失抛售的时机，只有这样，才能够在股市中立于不败之地。接下来的几堂课将继续给大家提供更多的实用工具和交易技巧，让我们一起进入下一堂课程的学习吧。朋友们，加油！

第七堂必修课

股市量价关系揭密

太阳东升西落，那是地球自转的结果；苹果从高处坠下，那是万有引力的作用；城乡熙熙攘攘、勤劳忙碌的人群，都是受到利益诱惑。宇宙万物起起伏伏，生生灭灭，有因必有果，有果必有因。透过表象看本质，这才是智慧的表现。

人们总是追逐自己喜欢的东西，躲避自己害怕的事物，趋利避害是人类的天性。散户交易者总是喜欢股价上涨，讨厌股价下跌，追涨杀跌是投资股票市场亏损的根源。很显然，喜欢的东西未必就是好的，厌恶的东西也未必就是坏的。不能单凭自己的喜好判断事物的好坏，更不能因为事物的好坏决定自己的行为，要透过表象看本质，对事物作出正确的选择。

股市中，买股票的人多了，股票价格自然上涨；卖的人多了，股价必然下跌。股价的涨跌本质上是成交量驱动的结果，而成交量的本质则是主力控盘导致筹码供求失衡的结果。为什么量涨价不涨？为什么价涨量不增？为什么量跌价不跌？为什么价跌量不减？如果仅仅只看成交量的多少，就永远无法知晓其中的道道。别小看这一个个的成交量，其中可是蕴含着大智慧。

要弄懂成交量，交易者得先学会看成交量。几乎所有的看盘软件中都将股价上涨的成交量和股价下跌的成交量用不同的颜色区分开来。其实，成交量的颜色并不重要，重要的是成交量的大小，即成交量柱子的高矮。

如图7-1所示。这里所说的成交量放大，有两层意思，一层意思是指T1和T2区间内部的成交量柱子随着股价的上升逐步递增并放大；另一层意思是指，T2区间与T1区间相比成交量柱子整体有所放大。其中的要点就是这T1与T2同属一个级别的波段，千万不可用不同级别波段的柱子来比大小。比如用T1或者T2区间的柱子和T3区间的柱子比高矮，这样比较是没有任何实战意义的。

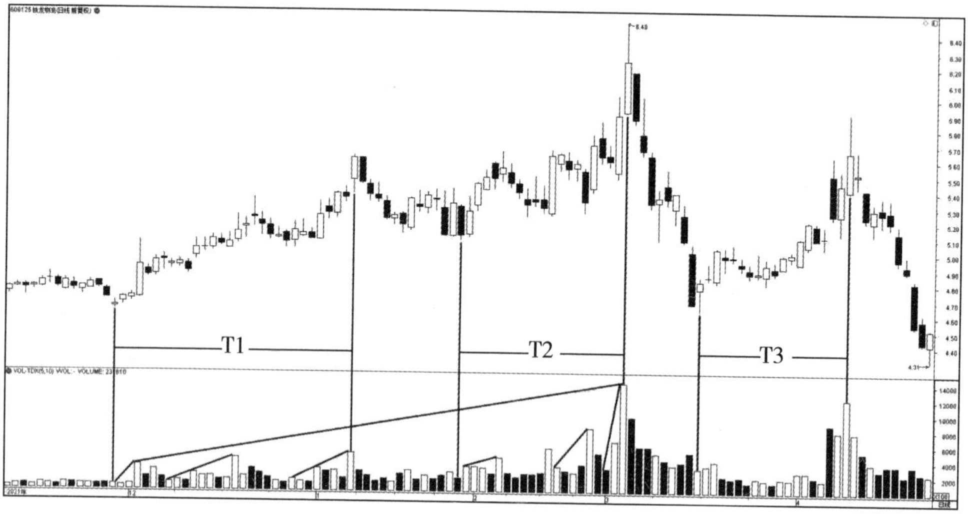

图7-1　成交量的比较

如图7-2所示，当股价处于由A到B的上涨波段时，在该波段中股价的上涨对应的成交量都在不断放大，即在图中C，D，E区间内，股价上涨时对应的成交量都在依次放大。而股价调整时所对应的成交量都在不断缩小，即图中L，M，N处内部所对应的成交量都在不断缩小。股价上涨，成交量放大；股价调整，成交量缩小，这就是典型的量价配合形态，这种形态是上升趋势保持良好的关键信号。不过，随后股价在创新高时，尽管图中E区对应的内部成交量也在不断放大，但是就整体E区而言，它的成交量与前面相邻的D区相比，则出现了明显的萎缩。这相当于股价创了新高，但成交量并没有创新高，这就是典型的量价背离，预示着这波上涨已接近尾声，随后出现的下跌正好印证了这一点。

由于量价齐涨是一种股价保持健康上升状态的典型信号，所以很多散户一看到量能放大就兴奋不已，误认为这是主力在大量入场，于是就急于

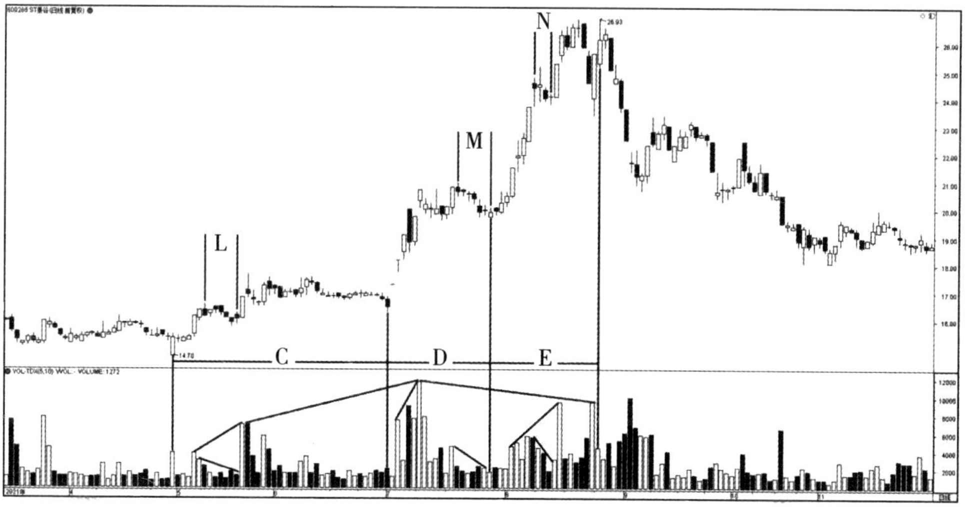

图7-2　不同区间股价与成交量对比

买进。最后发现股价不仅不涨，反而下跌，结果被深度套牢，追悔不已。犯这种错误的人只是对量价关系一知半解，并没有完全掌握量价关系的核心。

这里所说的股价涨跌，本质是成交量驱动的结果，而成交量的本质则是主力控盘导致筹码供求失衡的结果。什么是成交量？成交量指的是股市在一定时间内股票成交的数量。比如说一个交易日内，某只股票总共成交100万股，那么这只股票的成交量就是100万股。股市成交实行撮合制，买卖必须一一对应，这样才能成交。也就是说，有100万股的买单，必然对应着100万股的卖单。所以，成交量大小本身并不能说明是买方力量大还是卖方力量大，因此万万不可根据单根K线所对应的成交量大小做出主力正在入场或出场的判断，而要根据它出现的位置，并结合趋势、筹码等要素综合来确认。

当一只股票经过深幅调整之后，筹码逐步集中，黄金三角也已经形成。根据第二堂课给大家讲过的如何判断主力入场的方法，就可以确认主力已经入场。不过主力入场之后，往往要进行震仓洗盘操作，不可能直接拉动上涨。所以，当股价在低位反弹时，量能一般会逐步放大。股价接近底部盘整区间上方压力位时，通常会出现成交量迅速放大的情况，这个放大的成交量是主力的试盘行为导致的。股价到达压力位时，担心股价继续走低的散户一看到股价回调就急忙平仓出场，这才是导致压力位量能放大的关键原因，并不是说这个位置是主力拉升的信号，如图7-3所示。从图中可以看到，股价到达底部关键压力位时，量能的确有所放大，但随后股价继续走低，以达到主力震仓洗盘的目的。

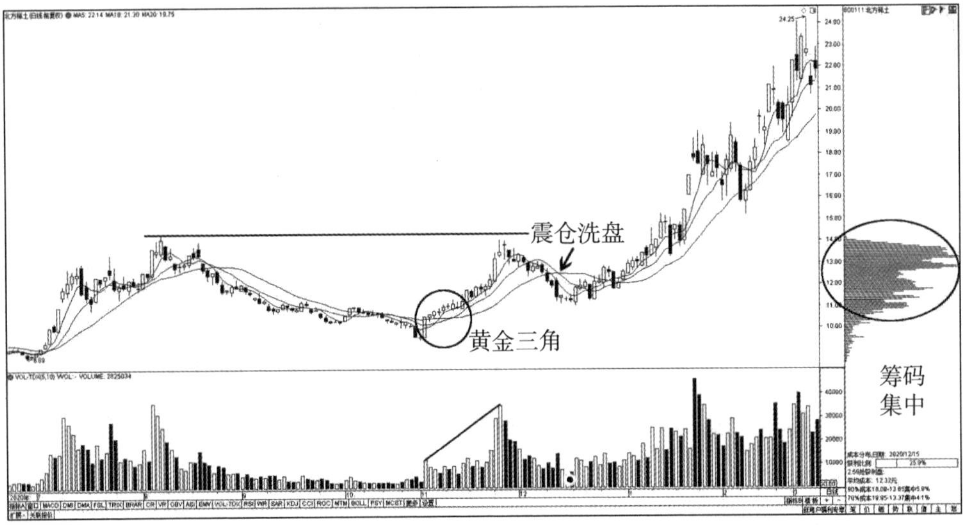

图7-3 量能放大与震仓洗盘

如果主力真的要在关键压力位展开拉升，一般有以下两个特征。

一个就是拉升速度很快，拉升动作立竿见影，从不拖泥带水。在关键压力位，主力不仅要主动拉升，还要承接散户的抛压，所以成交量必然放大，随后股价才能迅速站上去。如图7-4所示。

另一个就是股价上涨后，尽管股价没有直接突破上方压力位，但是，随后的调整有一个关键特征，那就是越调整成交量越小，甚至达到芝麻量的状态。如图7-5所示。

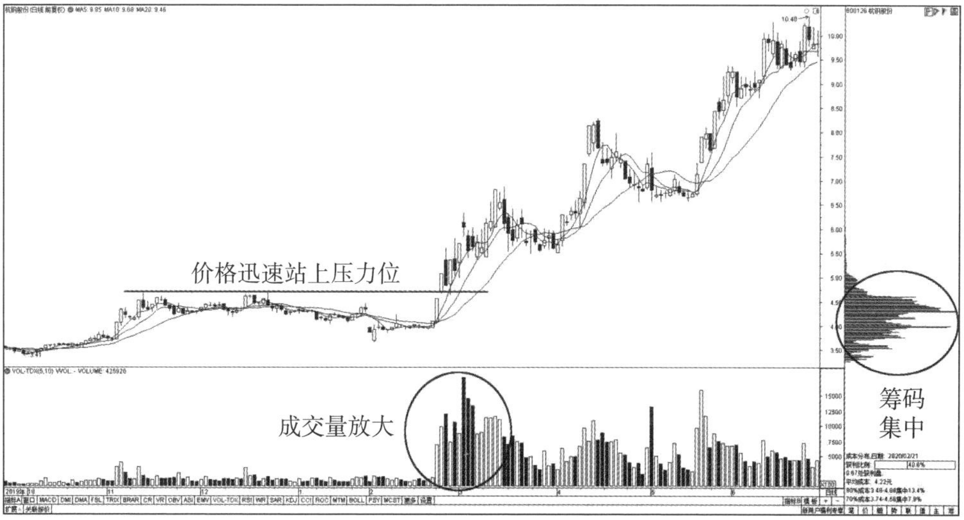

图7-4　放量突破压力位

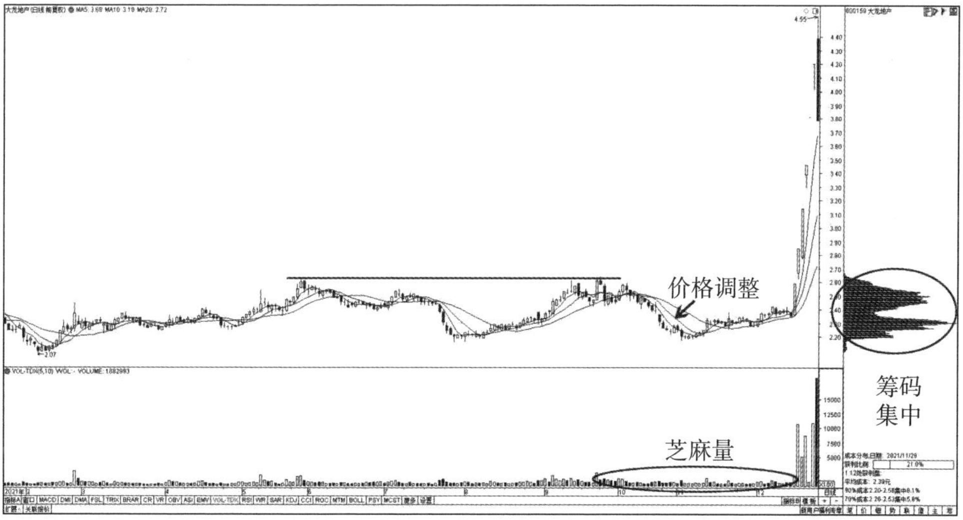

图7-5　突破压力位失败后的量能

此处普及一下芝麻量的概念。所谓芝麻量，指的是成交量非常小的一种状态，其形状就像一个个小小的芝麻点一样，表明市场内的抛售力量已经非常弱小，股票抛无可抛。此时股价就达到了一种跌无可跌的状态，这也是股票见底的一种典型信号。

主力把筹码集中到一定程度之后，就会展开上涨试盘，就是说主力故意将股价上涨到底部振荡区间的上方压力位，有时候会多次试探该压力位，然后再将股价打压下去，来看一下此处的抛压重不重。如果抛压很重，说明浮动筹码还比较多，就要来回地洗一洗，这个过程就是震仓洗盘与压价逼仓的综合操作（关于震仓洗盘与压价逼仓的概念，第二堂课已详细讲过，此处不再赘述）。

经过振荡洗盘清洗浮动筹码，主力手中的筹码进一步集中，浮动筹码进一步减少。当主力再次将股价推升到压力位时，发现抛盘数量可以接受，就说明该抛的已经抛了，不想抛的怎么洗盘都不会抛了，那么主力就会直接将股价拉升到压力位之上，或者经过非常小幅的缩量调整之后再突然发力突破压力位，然后站在压力位之上。如图7-6所示。

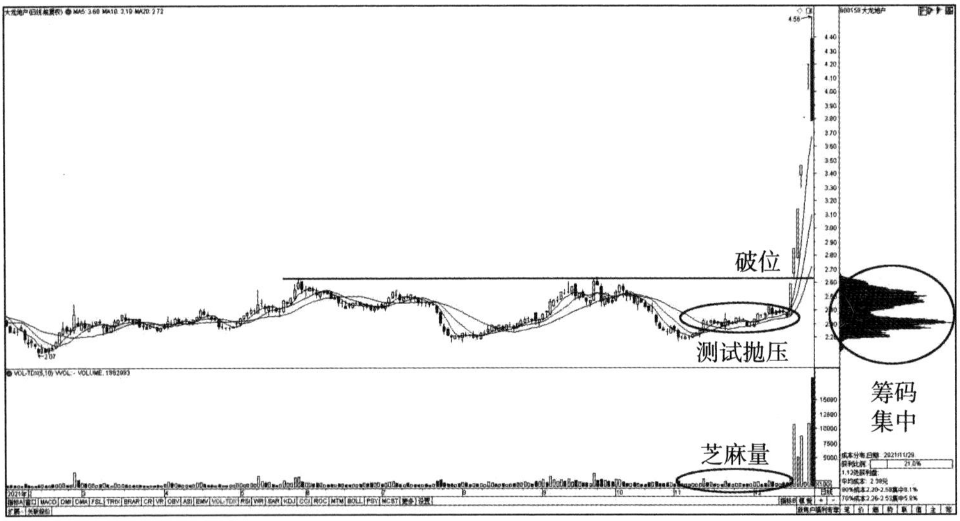

图7-6　拉升前的试盘操作

从图7-6中可以看到，股价突破压力位之前，成交量已经缩成了芝麻量，说明主力在该压力位附近清洗浮动筹码比较彻底，或者说筹码已经进一步集中到主力手里了。如果主力清洗不彻底，在该压力位附近就会有很多筹码抛出，导致成交量放大，主力消化这些抛盘就需要花费大量资金。由于抛压不大，主力用少量的买单就可以把股价拉上来。因为股价是由该时间点成交的股价决定的，这就解释了为什么有时候价涨量不增的原因。

同时，之所以说成交量的本质是主力控盘导致筹码供求失衡的结果，就是因为当主力把筹码集中到一定程度后，比如说70%，这个时候市场的筹码供给已经完全失衡，股价就是由主力说了算，主力想让股价涨它就涨，想让股价跌它就跌。因为筹码高度集中，主力挂出很少的高价买单即可将股价抬高。同样地，主力挂出少量的低价卖单即可把股价砸下来，主力的操作行为就是如此。

为什么说一只股票被拉到涨停板后如果封不住，股价第二天就有跳空低开的可能，原因就两点：要么是主力控盘集中度不够，大量的浮动卖盘导致股价无法涨停或无法封死涨停，要么就是主力封死涨停后在悄悄地抛售。如图7-7所示。股价封不死涨停，散户就要果断抛出，这才是上策。同时，大

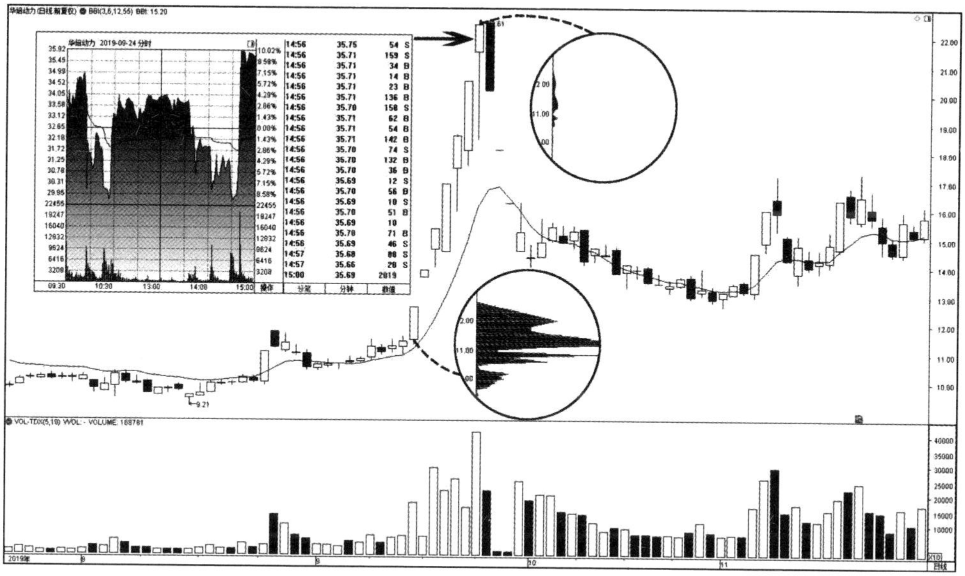

图7-7　筹码峰的变化与不能封板的关系

家也应注意到，就在股价无法封死涨停的当天，主力筹码峰严重缩水，这说明主力筹码几乎已经大部分出场了。

有些小盘股会出现连续封死涨停的情况，这是主力控盘后对股价随意操纵的行为。对于这种类型的股票，个人建议在该股票上涨初期或者上涨幅度小于30%以内时，可以在涨停打开时入场，否则绝不要追高这种类型的股票。如果追高，就很容易当接盘侠。如图7-8所示，当股价在高位开封后，再入场就很容易被套。

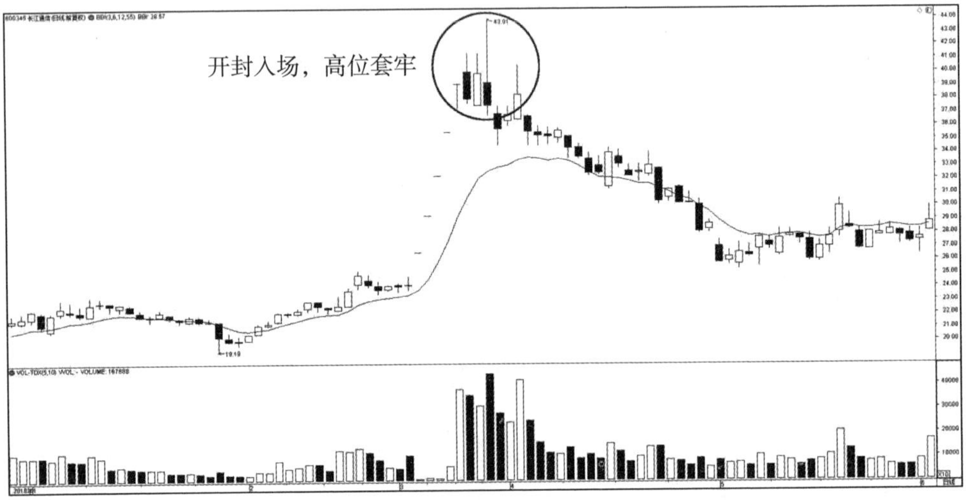

图7-8　高位开板后风险高

一般情况下，股价在低位洗盘后上涨突破压力位时量能都会放大，即使当时成交量没有放大，后期也会很快补上，这就是所谓的放量突破。如图7-9所示。但当股价上涨了一波，随后经过调整再次破位时，如果这个时候下方的主力筹码并没有大量抛售，此时破位对应的成交量往往不大，也就是没有放量即可突破，原因是此一时彼一时。这个时候主力筹码集中度已经非常高，不用放量即可破位。另外，这个时候往往大盘表现也非常好，牛市情绪很火热，综合抛压很小，导致成交量不大，这就是缩量破位的原因。

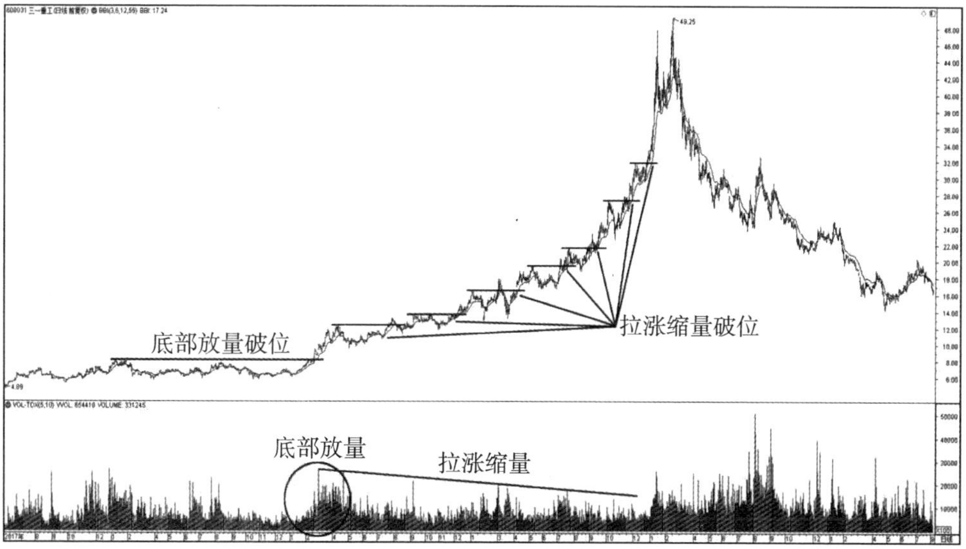

图7-9 缩量破位示例

经历了缩量上涨之后，股价经过调整再次上涨时，如果成交量反而逐步放大，大家一定要及时关注底部筹码是否有向高位转移的迹象。如果底部筹码出现松动，这样的成交量放大很明显是主力抛售引起的。主力都在抛售，那么聪明的散户朋友们是不是也应该止盈手中的股票了。当然，是时候撒腿就跑啦！如图7-10所示。从图中可以看到，底部的筹码已经开始向高位移动，说明主力在抛售了，成交量当然会放大。

现在再回过头来看一下，如果说在主力建仓的底部交易者没有入场，那么当股价已经处于主力抛售阶段的顶部时，交易者千万不要追涨。散户最迟只能在主力开始拉升的波段入场，因为经过震仓洗盘之后，主力会快速拉升股价，使之脱离建仓成本区间。这个时候股价波动是最迅速的，而且这样的上涨波段也会伴随着两三天甚至三五天的调整。这个调整一定是缩量的，此时可以借助BBI指标确定买入点。当股价缩量靠近BBI指标且最好与BBI指标相交时，即是最好的入场位置。如图7-11所示。按照本书介绍的规则，图中有很多绝佳的入场时机。

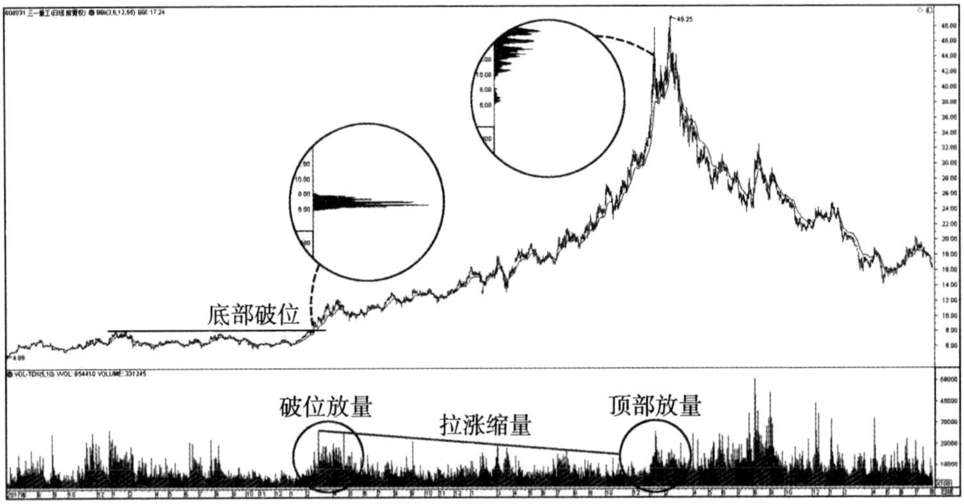

图7-10　筹码峰的变化与成交量放大之间的关系

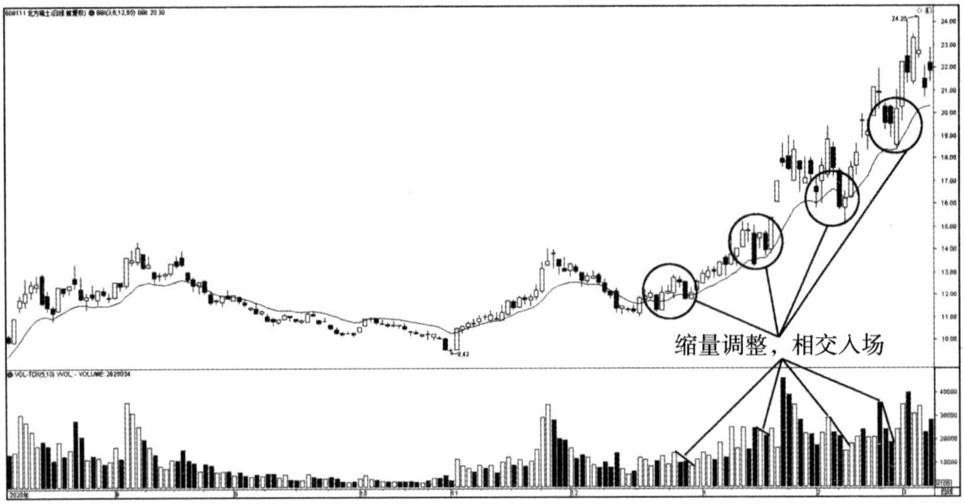

图7-11　入场时机

主力在低位收集完筹码，然后把股价拉高并出货之后，一般情况下，如果大盘也出现调整，这个时候这只股票大概率会展开一波深幅下跌走势。在调整过程之中，下跌时的成交量也会是放大的，如图7-12所示。

从图中可以看到，下跌时对应的Q、W、X等区间的成交量都是在不断放大的。下跌途中展开反弹时，对应的成交量有时候放大，有时候缩小，没有一致性的参考标准，大家不用过度解读。如图7-12所示，图中的Y和Z区间，股价反弹时Y区间成交量在缩小，但Z区间成交量则在放大。

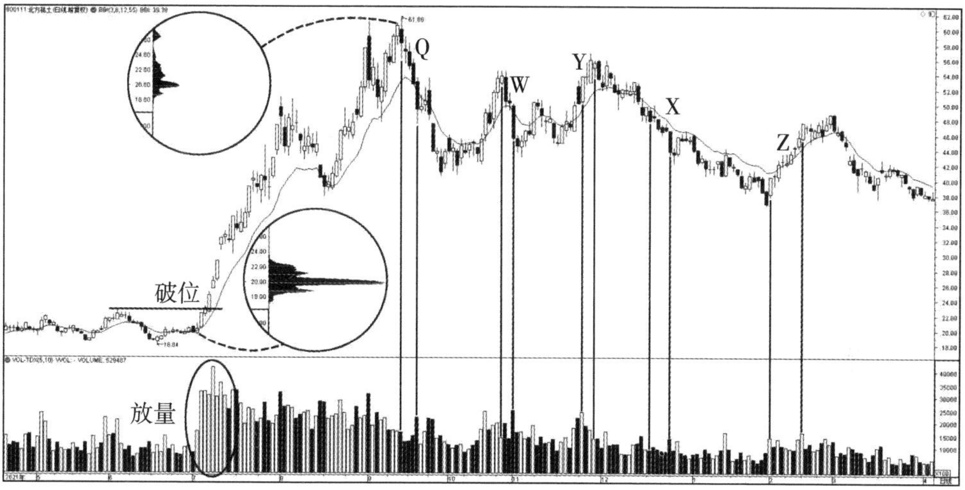

图7-12 下跌途中的成交量

尽管股价经过深幅回调之后，成交量已经变成芝麻量，有人说这是股价回调触底信号，笔者认为不一定。原因很简单，成交量变成芝麻量并不是判断股票触底的关键信号，判断触底的关键信号是筹码集中度。无论股价跌多少，只要筹码不集中，这只股票就不可能见底。

就像2022年5月16日的北方稀土和宁德时代这两只股票一样，尽管股价从高点已经跌了很多，而且按照选股三步骤也能选出这两只股票，但这两只股票的筹码依然比较分散，所以说这两只股票的底部还没有确认。如图7-13和图7-14所示。

当然，也有一些牛股经过长期上涨，待主力出场后，股价在高位只展开了小幅的调整，很快筹码又集中到另外一股主力的手中，这样的股票也会直接开始进入新的上涨波段。只是中国股市中这种走势类型的股票很少见，而且说不定什么时候就没有新的主力接盘了，随后就会出现大幅调整，完全破坏了长期牛股的走势风格。正如图7-15所示，格力电器此前一直是长期牛

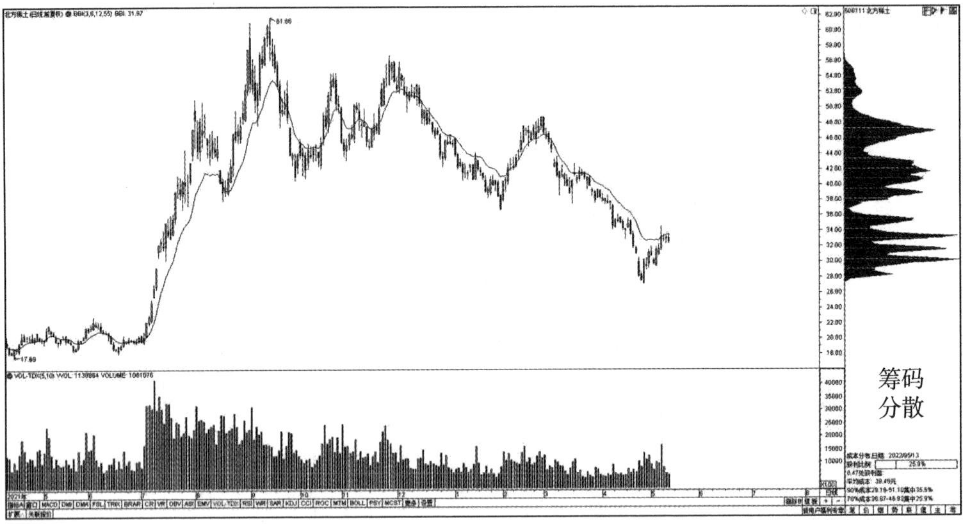

图7-13　2022年5月16日北方稀土走势图

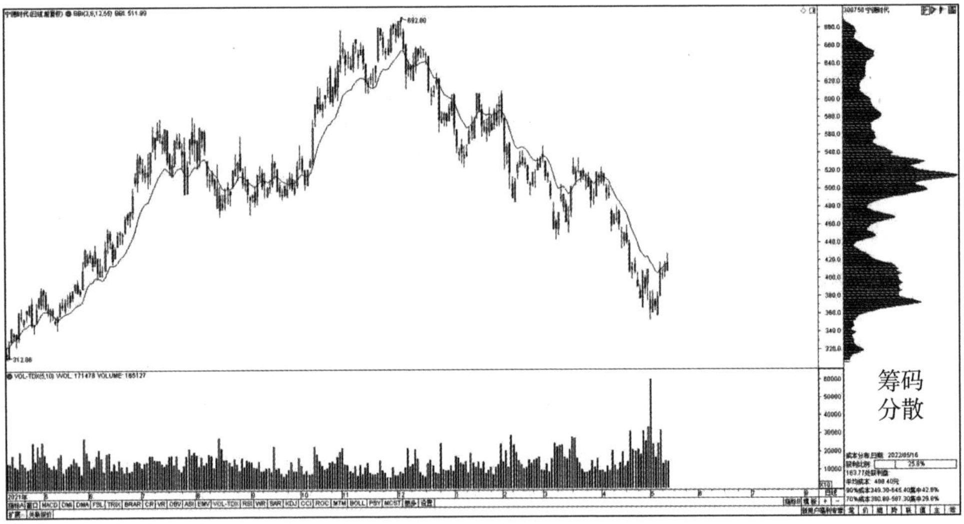

图7-14　2022年5月16日宁德时代走势图

股，但当股价上涨到65.79元之后，风格就出现了转换。

就股票价格与成交量的关系而言，如果说主力控盘导致筹码供求失衡，那么量价齐涨就是股市最单纯的上涨形态。不过，也正是这样，才有了股价与成交量这种丰富多彩的“传奇人生”。好了，朋友们，关于成交量与股价

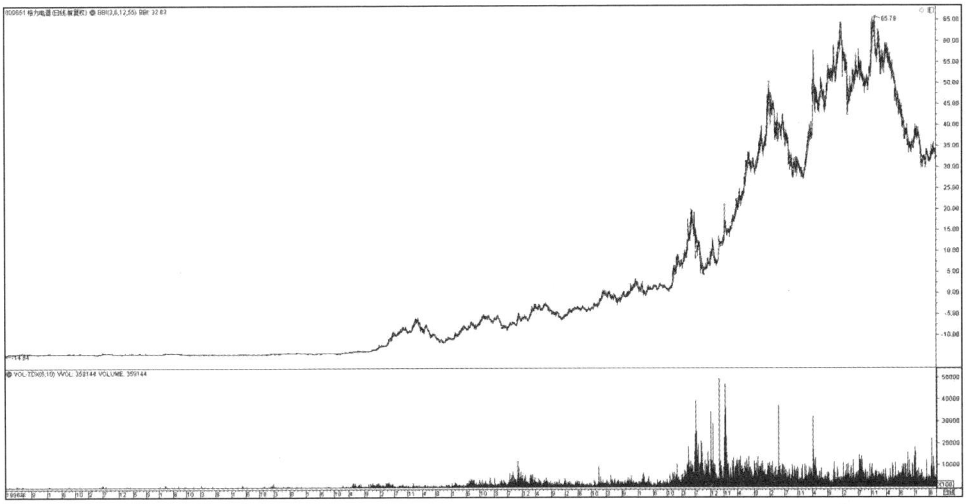

图7-15　格力电器走势图

之间的关系问题就探讨到这里，下一堂课为大家详解实用技术指标的核心用法。

朋友们，下一堂课再见！

第八堂必修课

实用技术指标的核心用法

医院治病有中医与西医之分，股市分析有基本面与技术面之别。中医讲究望闻问切，西医推崇仪器指标。用基本面评估股市的数据与消息，看是否为潜力股；用技术面把握市场的动能与强弱，看是否有入场的时机。股市分析就犹如医生给病人看病，既需要基本面的“中医把脉”，也需要技术面的“西医指标”。中西结合方能洞彻市场，做出最佳决定。本堂课就来看一下股市分析中最实用的技术指标的核心用法。

股市中的技术指标成千上万，多如牛毛，甚至每天都有新的指标问世，但真正实用的却没有几个。究其原因主要有三点：其一，滞后性太强，无法指导交易；其二，虚假信号太多，让人无从下手；其三，单靠一个指标，很难获得稳定的收益。但是，去其糟粕,取其精华之后，依然有一些指标能够对实战起到有效的辅助作用。

1. EXPMA指标

EXPMA（Exponential Moving Average）又称指数平均线指标，其实就是移动平均线的一种，只不过计算方式不是进行简单的移动平均，而是进行了指数加权处理。实战中指数平均线比简单的移动平均线更加实用，虚假信号更少，可以作为中长线波段交易入场信号的辅助指标。

如图8-1所示，建议将指数平均线的参数选取为14日和21日。当14日指数均线由下向上穿越21日指数均线形成金叉时，发出买入信号。反之，当14日指数均线由上向下穿越21日指数均线时，则为卖出信号。如图8-2所示。

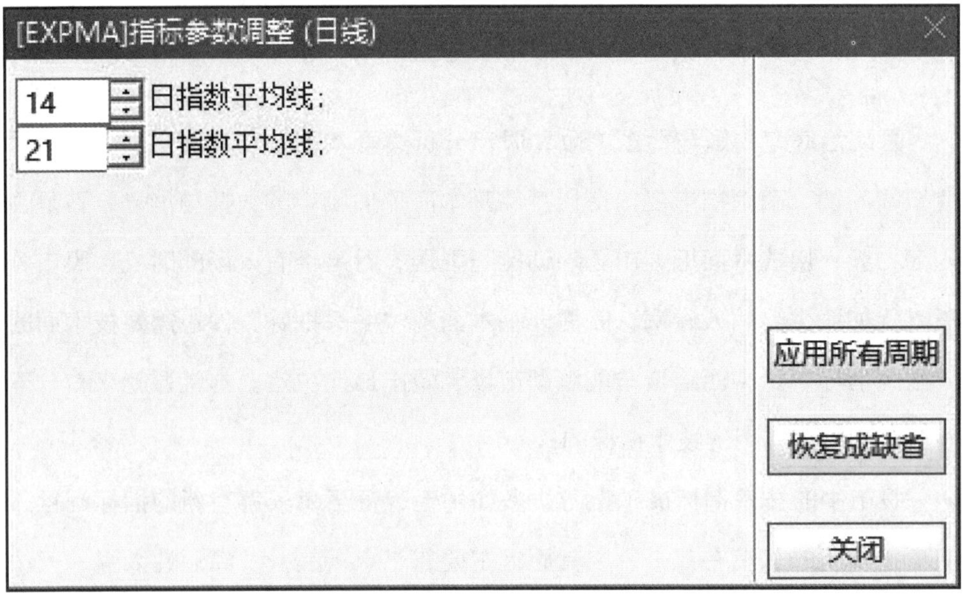

图8-1 EXPMA指标设置

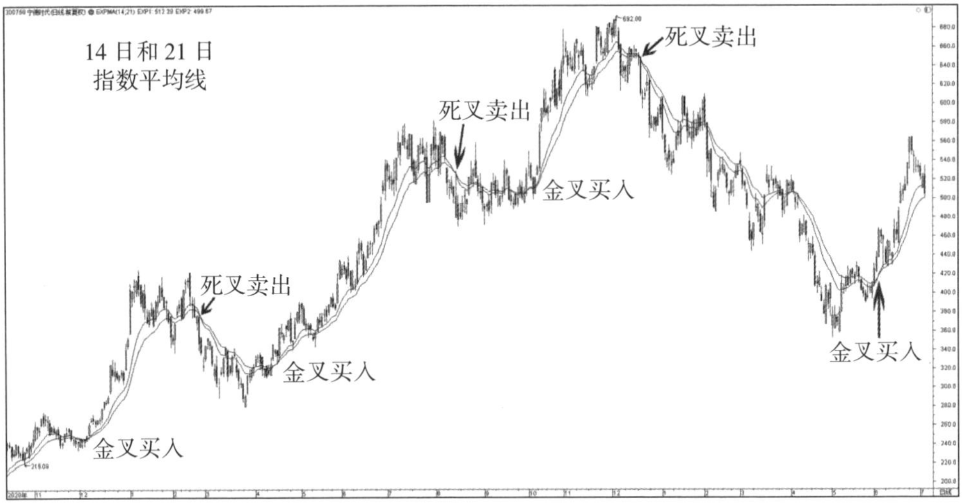

图8-2 利用EXPMA指标确定买卖信号

比较图8-3和图8-2就会发现，与同周期的简单移动平均线相比，指数平均线的确比简单的移动平均线更优化，虚假信号少，有利于捕捉波段性的交易机会。

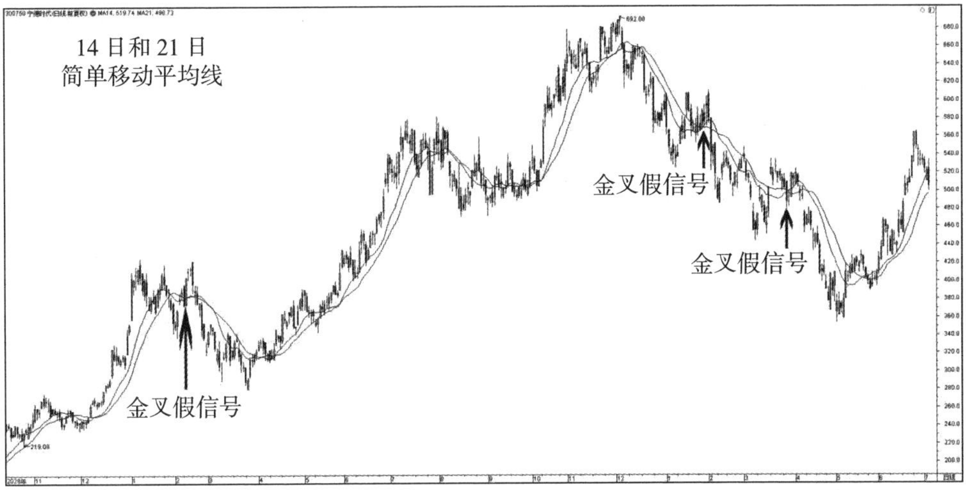

图8-3　简单移动平均线发出的虚假买卖信号

宁德时代从2019年11月5日到2021年12月3日的这波上升走势中，如果用指数平均线作为辅助指标判断行情走势，那么这波行情的大部分利润都可以稳稳地把握住。如图8-4所示。

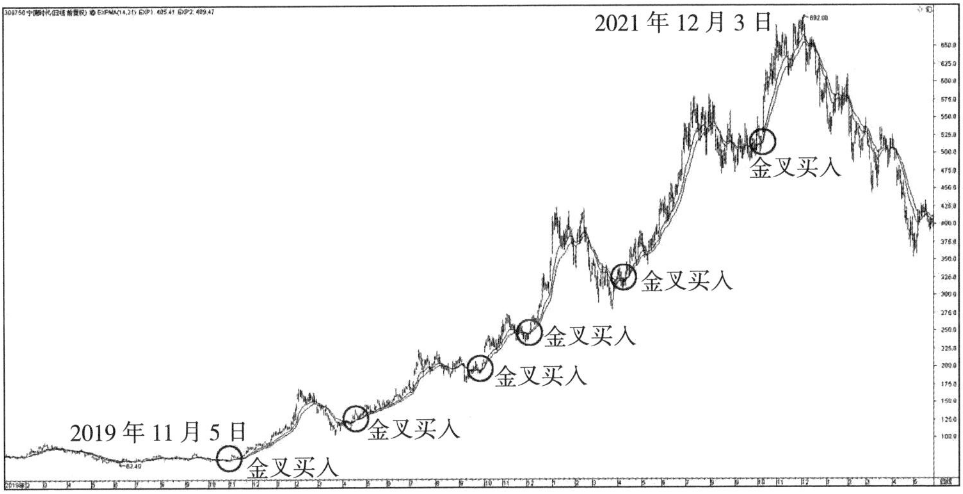

图8-4　指数平均线发出的买入信号

2. MACD指标（指数平滑异同移动平均线）

MACD指标又称指数平滑异同移动平均线，该指标可能是股市中使用频率仅次于均线的指标，该指标由双指数均线发展而来。尽管这个指标很常用，但是很多人的用法却是完全错误的，接下来给大家剖析其核心用法。

如图8-5所示，这样的设置比原始参数更优化。从图8-6中可以看到，MACD指标中间有个0轴，大家可以把0轴当成一条小河，0轴之上称为水上，水上的能量柱表示股价上涨；0轴之下称为水下，水下的能量柱表示股

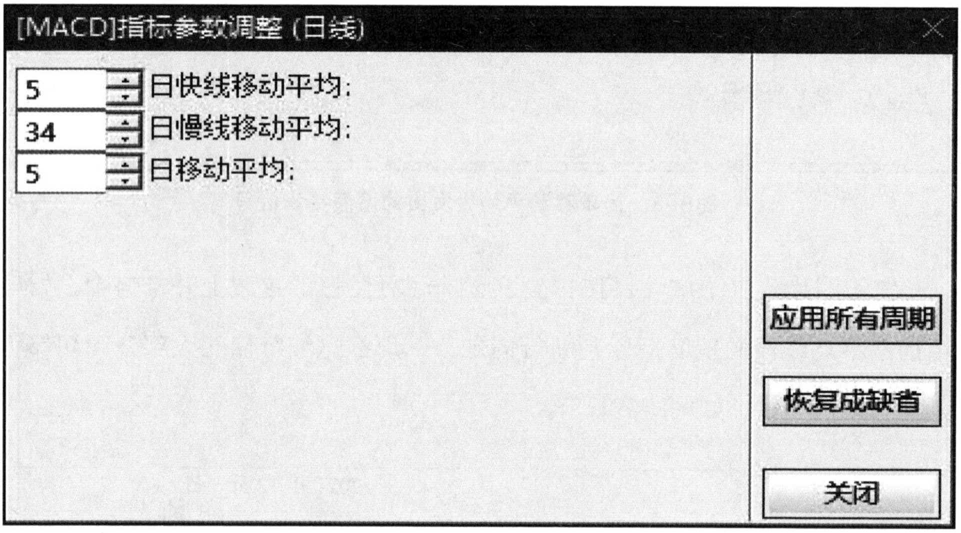

图8-5　MACD指标参数设置

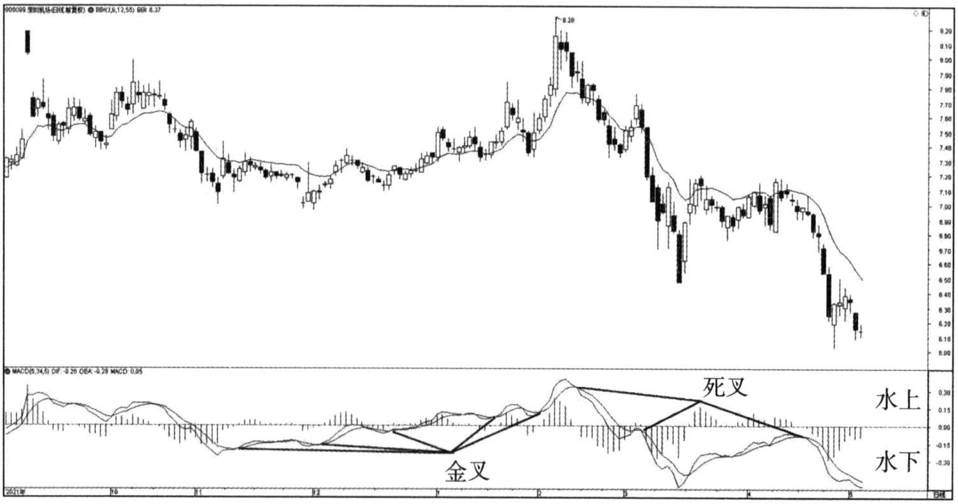

图8-6　MACD指标的用法

价下跌。同时，还有两条指标线会发出金叉和死叉信号。

当指标线在0轴之上发出金叉信号时，称为水上金叉。指标线在0轴之下形成的金叉，则称为水下金叉。同样地，当指标线在0轴之下发出死叉信号时，称为水下死叉。指标线在0轴之上发出的死叉信号称为水上死叉。

实战发现，当确认股价处于上升波段时，水上金叉可以作为买入信号，这时的水下金叉参考意义并不大。同样，当股价处于下降波段时，水下死叉说明股价还要继续下跌，而水上死叉也没有一致性的参考价值。也就是说，只有在确认股价已经处于上升波段之后，才可以将水上金叉作为买入股票的参考依据。如图8-7所示。至于上升趋势是否改变，可以参考MACD指标的顶背离来判断。

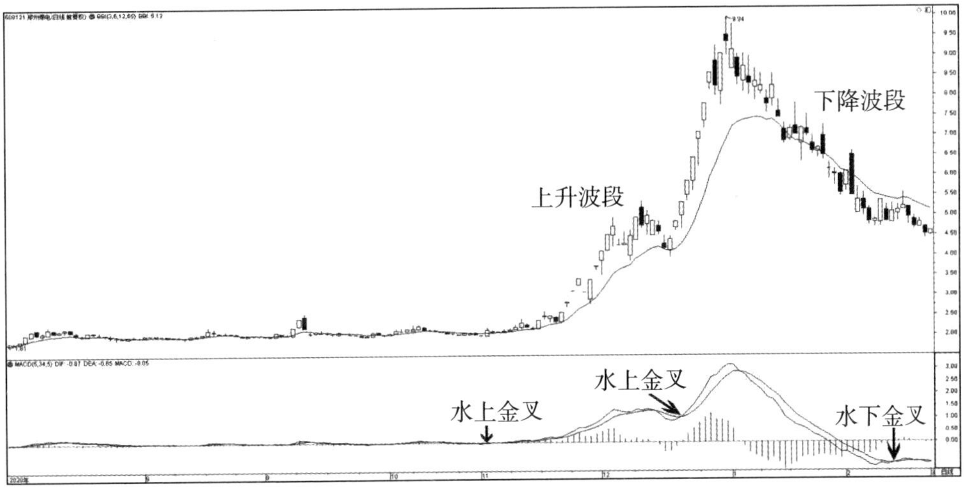

图8-7 水上金叉的应用

关于MACD指标的背离问题，简单地说是这样的，股价上涨了一波后，经过一波调整再创新高，但对应的MACD指标能量柱并没有创出新高，这表明股价与指标之间出现顶背离，预示着股价将要反转向下，交易者理应及时卖出。股价走低一波后，经过一波调整，股价再创新低，此时对应的MACD指标能量柱并没有创出新低，这就是股价与指标之间的底背离，预示着股价将要反转向上，为买入信号。如图8-8所示。

当然，该指标的背离方式不仅出现在股价与能量柱之间，也会出现在股价与金叉或死叉之间。如图8-9所示，图中股价第二次调整形成的死叉要比第一次调整形成的死叉低，但这时段内股价是在不断走高的，这就是股价与指标线的两个死叉之间形成顶背离，是为卖出信号。同样地，当股价第二次

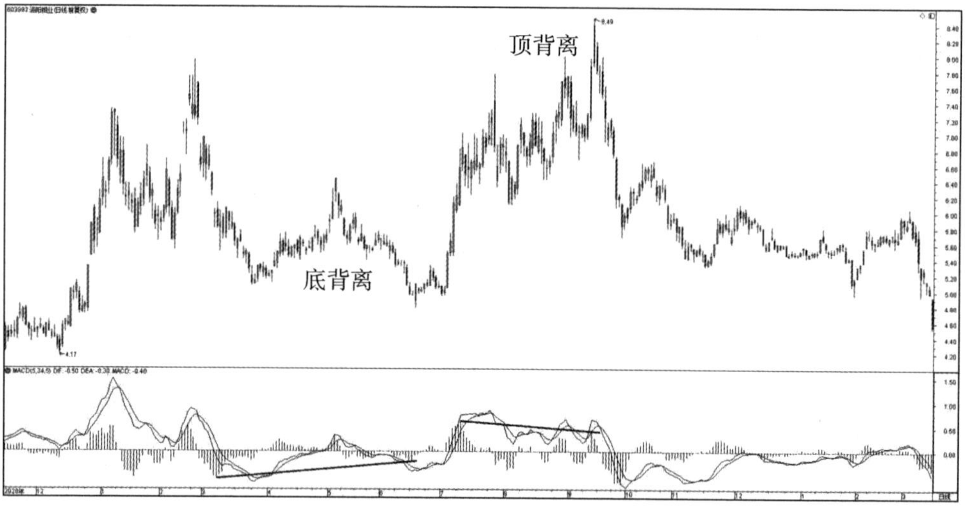

图8-8　MACD指标的运用

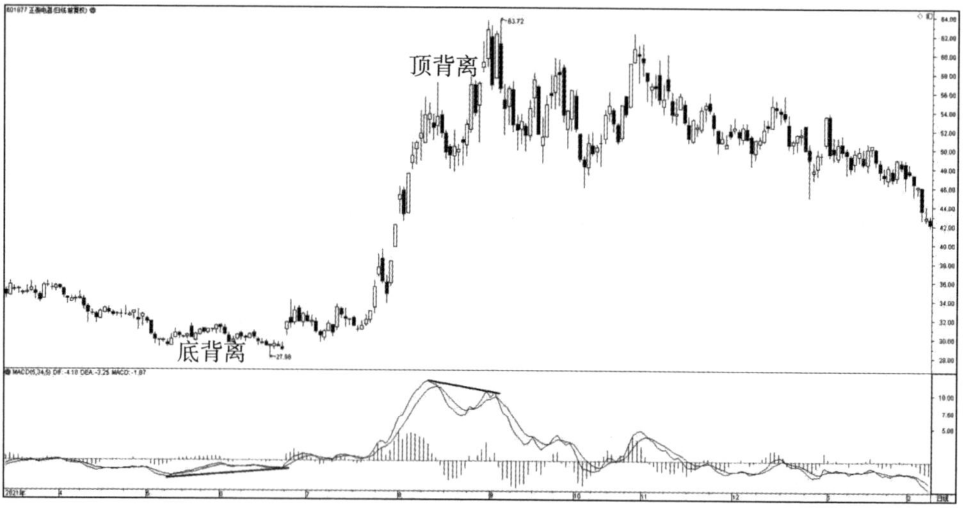

图8-9　指标线死叉形成的顶背离

反弹形成的金叉比第一次反弹形成的金叉高时，股价是不断走低的，这就是股价与指标线的两个金叉之间形成底背离，是为买入信号。

3. BBI指标

BBI（Bull And Bear Index）指标又称多空指标，是一种将不同天数的移动平均线加权平均之后的综合指标。该指标也属于移动平均线性质的指标，不过却比简单移动均线指标更加实用。参数设置如图8-10所示。

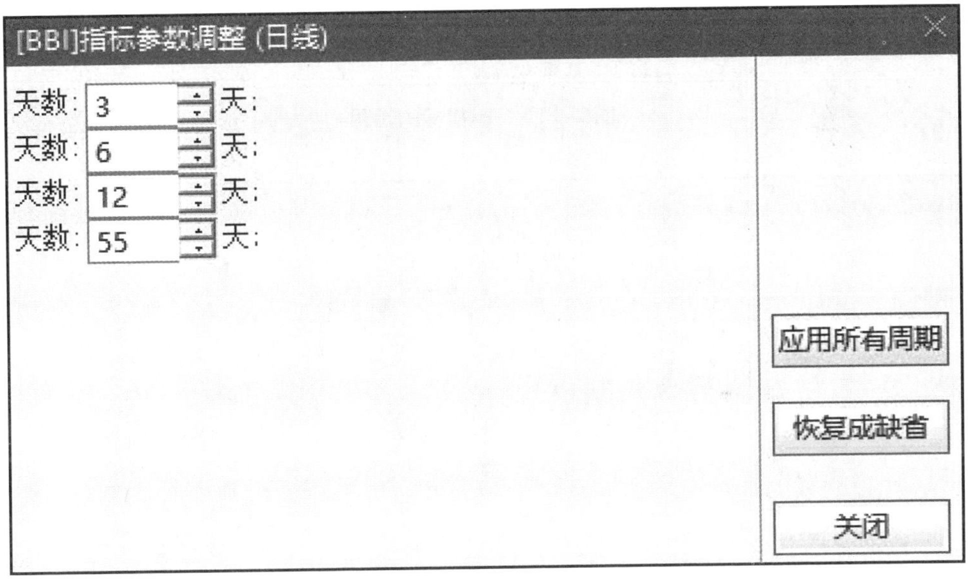

图8-10 BBI指标设置

该指标将股价一分为二，当股价在BBI指标之上运行时，说明股价是上升走势，理应尽可能买入股票。反之，当股价在BBI指标下方运行时，说明股价处于下降走势中，为抛售信号。也就是说BBI指标是判断多方占优与空方占优的分水岭。如图8-11所示。

很多散户在买卖股票过程中所犯的最大错误，就是要么卖早了，要么抛晚了，使用BBI指标就不会再犯这样的错误了。如图8-12所示，通过前面介绍的选股三步法，交易者完全可以选出宁德时代这只股票。但是，交易

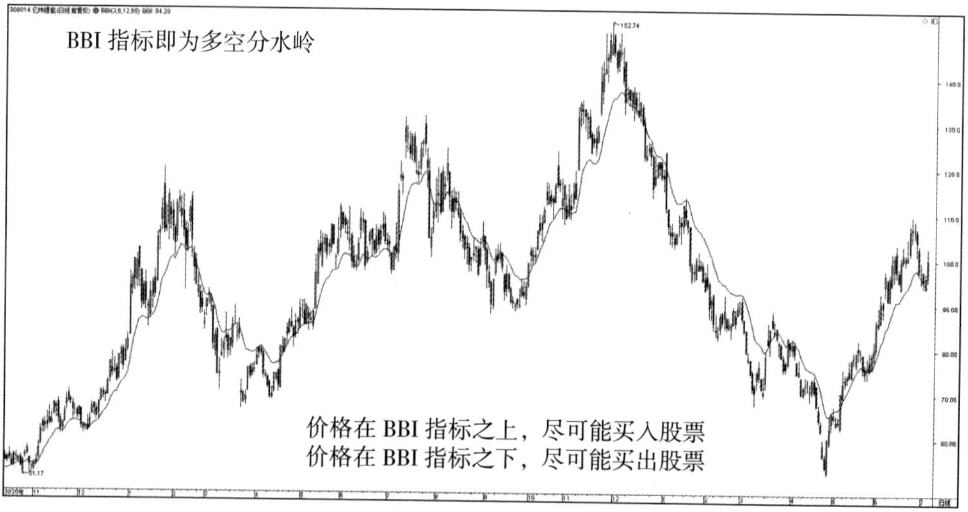

图8-11　BBI指标的运用

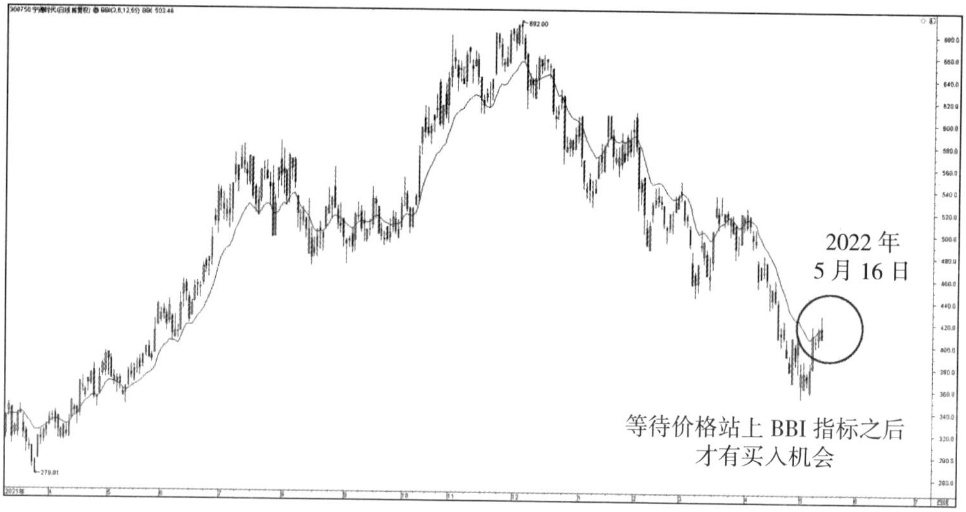

图8-12　宁德时代股价走势图

者知道，直到2022年5月16日，这只股票的价格依然在BBI指标下方运行，这说明下降格局还没有彻底改变，只能等待股价站上BBI指标线之后再择机入场。

同时，尽管2022年4月以来上证指数出现反弹，但依然处于BBI指标之下，这说明大盘真正的底部还没有确认。只有等待股价站上BBI指标线之后，才能说明大盘进入到牛市格局之中，那时才是买入股票的最佳时机。如图8-13所示。

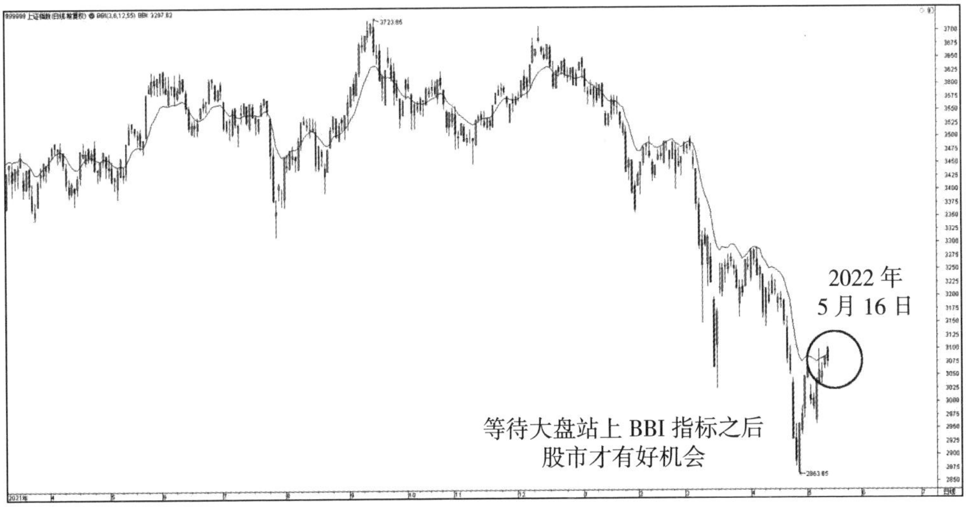

图8-13　用BBI指标分析上证指数

诚然，每个技术指标都有缺点，但也有优点。在整个交易系统中，适当运用技术指标对交易标的进行辅助分析，的确可以起到锦上添花、事半功倍的效果。除了技术指标之外，还有很多其他实用的分析工具，下一堂课将继续为大家分享。

第九堂必修课

蜡烛图里的智慧

早晨9:30，当中国股市开市的钟声敲响，股票价格在买卖双方的连续竞价之下快速地变动，直到下午15:00收盘。每天的股价变动不计其数，如图9-1所示。

002517 恺英网络 分时成交明细 Up/PageUp/滚轮 前翻 Down/PageDown/滚轮 后翻

时间	价格	成交			时间	价格	成交			时间	价格	成交			时间	价格	成交		
14:45	6.04	432	B	29	14:47	6.03	5	S	3	14:50	6.04	1	B	1	14:54	6.04	28	S	5
14:45	6.04	119	B	21	14:48	6.03	4	S	1	14:50	6.04	22	B	3	14:54	6.04	261	S	16
14:45	6.04	25	B	4	14:48	6.03	28	S	3	14:50	6.03	4	S	3	14:54	6.05	18	B	4
14:45	6.04	30	B	6	14:48	6.03	143	S	7	14:51	6.04	300	B	13	14:54	6.05	431	B	18
14:45	6.04	18	B	1	14:48	6.04	20	B	2	14:51	6.04	101	B	18	14:54	6.05	5	B	3
14:45	6.03	5	S	4	14:48	6.03	202	S	11	14:51	6.05	2	B	2	14:54	6.05	1	B	1
14:45	6.03	29	S	3	14:48	6.04	10	B	7	14:51	6.05	6	B	4	14:54	6.04	3	S	3
14:45	6.03	45	S	7	14:48	6.04	8	B	6	14:51	6.05	22	B	2	14:54	6.04	529	S	11
14:45	6.04	30	B	3	14:48	6.03	467	S	50	14:51	6.04	75	S	6	14:54	6.05	32	B	4
14:45	6.04	11	B	1	14:48	6.04	11	B	7	14:51	6.05	11	B	4	14:54	6.05	113	B	8
14:45	6.03	1	S	1	14:48	6.04	253	S	20	14:51	6.05	17	B	5	14:54	6.04	1	S	1
14:45	6.04	100	B	11	14:48	6.04	31	B	7	14:51	6.05	81	B	10	14:54	6.05	177	B	9
14:45	6.04	8	B	1	14:48	6.04	151	B	47	14:51	6.05	17	B	2	14:54	6.05	10	B	2
14:45	6.04	437	B	23	14:48	6.04	45	S	14	14:51	6.05	8	B	2	14:54	6.05	6	B	2
14:45	6.04	12	S	8	14:48	6.04	53	B	2	14:51	6.05	135	B	3	14:54	6.04	158	S	2
14:45	6.04	1	S	1	14:48	6.03	2	S	2	14:51	6.05	432	B	39	14:54	6.05	12	B	3
14:45	6.04	16	S	2	14:48	6.03	30	S	2	14:51	6.05	11	B	3	14:54	6.05	2	B	2
14:46	6.04	4	S	4	14:48	6.04	1	B	1	14:51	6.05	1	B	1	14:55	6.05	52	B	5
14:46	6.04	461	S	31	14:48	6.04	21	B	4	14:52	6.05	2	B	2	14:55	6.04	1465	S	39
14:46	6.04	68	S	7	14:48	6.04	1	B	1	14:52	6.04	748	S	10	14:55	6.05	351	B	18
14:46	6.04	9	B	4	14:48	6.03	46	S	1	14:52	6.04	47	S	3	14:55	6.04	15	S	5
14:46	6.04	116	B	33	14:49	6.04	22	B	3	14:52	6.05	20	B	6	14:55	6.04	88	S	5
14:46	6.04	24	B	18	14:49	6.04	83	B	11	14:52	6.04	35	S	2	14:55	6.05	6	B	1
14:46	6.04	156	B	16	14:49	6.03	7	S	2	14:52	6.05	5	B	2	14:55	6.05	8	B	1
14:46	6.04	24	S	3	14:49	6.04	1	B	1	14:52	6.05	4	B	2	14:55	6.05	26	B	3
14:46	6.04	64	B	10	14:49	6.04	29	B	2	14:52	6.05	2	B	2	14:55	6.05	130	B	6
14:46	6.04	44	B	12	14:49	6.03	69	S	2	14:52	6.04	38	S	3	14:55	6.05	14	B	3
14:46	6.04	15	B	4	14:49	6.04	63	B	3	14:52	6.05	7	B	3	14:55	6.05	50	B	5
14:46	6.04	38	B	10	14:49	6.04	16	B	4	14:52	6.05	20	B	4	14:55	6.04	58	S	4
14:46	6.04	42	B	6	14:49	6.03	1	S	1	14:52	6.05	1	B	1	14:55	6.05	8	B	1
14:46	6.04	2	B	2	14:49	6.03	12	S	5	14:52	6.05	1	B	1	14:55	6.05	3	B	2
14:46	6.04	20	B	2	14:49	6.04	90	B	2	14:52	6.05	47	B	4	14:56	6.05	44	B	3
14:46	6.03	3	S	2	14:49	6.04	48	B	5	14:53	6.05	34	B	6	14:56	6.04	2	S	2
14:46	6.04	10	B	1	14:49	6.03	29	S	2	14:53	6.05	137	B	44	14:56	6.05	7	B	1
14:46	6.03	16	S	4	14:49	6.04	44	B	1	14:53	6.05	681	B	9	14:56	6.05	1	B	1
14:47	6.04	3	B	2	14:49	6.04	124	B	5	14:53	6.05	62	B	2	14:56	6.05	10	B	1
14:47	6.03	28	S	1	14:49	6.03	9	S	6	14:53	6.05	4	B	2	14:56	6.04	7	S	1
14:47	6.04	99	B	2	14:50	6.03	113	S	54	14:53	6.05	11	B	2	14:56	6.05	5	B	1
14:47	6.03	10	S	3	14:50	6.03	94	S	22	14:53	6.05	2	B	1	14:56	6.05	2	B	1
14:47	6.04	80	B	6	14:50	6.03	23	S	16	14:53	6.05	21	B	5	14:56	6.04	13	S	2
14:47	6.04	4	B	3	14:50	6.04	5	B	6	14:53	6.05	1	B	1	14:56	6.05	118	B	3
14:47	6.04	12	B	3	14:50	6.03	70	S	5	14:53	6.05	3	B	2	14:56	6.05	216	B	13
14:47	6.04	5	B	4	14:50	6.04	3	B	3	14:53	6.05	1	B	1	14:56	6.05	19	B	4
14:47	6.03	8	S	1	14:50	6.03	2	S	2	14:53	6.05	43	B	4	14:56	6.05	170	B	5
14:47	6.03	45	S	1	14:50	6.04	6	B	3	14:53	6.05	16	B	2	14:56	6.05	33	B	1
14:47	6.03	34	S	2	14:50	6.04	320	B	12	14:53	6.05	176	B	9	14:56	6.04	10	S	1
14:47	6.04	30	B	3	14:50	6.03	1	S	1	14:53	6.05	106	B	17	14:56	6.05	103	B	4
14:47	6.03	7	S	1	14:50	6.04	12	B	2	14:53	6.05	162	B	47	14:56	6.05	54	B	7
14:47	6.04	2	B	1	14:50	6.04	8	B	3	14:53	6.05	96	B	23	14:56	6.04	61	S	10
14:47	6.04	25	B	3	14:50	6.03	345	S	4	14:53	6.05	11	B	1	14:56	6.04	131	S	6
14:47	6.03	30	S	3	14:50	6.04	10	B	2	14:53	6.05	90	B	5	14:57	6.04	40	S	3
14:47	6.04	3	B	2	14:50	6.04	4	B	1	14:53	6.05	17	B	1	15:00	6.04	2906		92

图9-1 股价变动示例

幸亏现在是计算机时代，如果是在300多年前德川幕府时代的日本稻谷市场，如此多的股价变动不知道要用掉多少盒粉笔。那个时代在日本稻谷市场上的远期标准化合约交易中，采取的是现场叫卖式的喊价，买卖双方的成交价会由交易员写在黑板上。交易火爆时，这种方式的确也会损耗大量的粉笔，但这对参与交易的人来说并没有什么，关键是这写在黑板上的一个个密密麻麻的价格让人看得眼花缭乱，不知所云。

其实，这么多的交易价格并不是都特别重要，只有少数几个价格能够对当天以及后续的价格变动提供参考。当时在日本的稻谷市场上，有一个交易高手就发现了这个问题，并发明了一种记录价格的工具，他把每一天的开盘价、收盘价、最高价以及最低价以图形的方式生动地记录了下来。虽然过去几百年了，但直到目前为止，全世界的市场交易者依然离不开它，这就是今天要给大家说的蜡烛图。如图9-2所示。

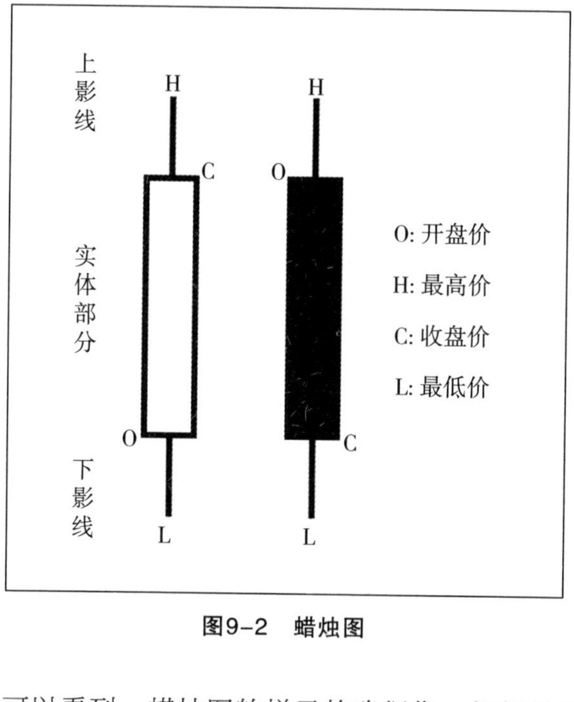

图9-2　蜡烛图

从图9-2中可以看到，蜡烛图的样子的确很像一根根的蜡烛，它由三个部分构成，分别是实体部分、上影线以及下影线。上影线的最顶端是最高价，下影线的最底端是最低价。如果当天价格整体上是上涨的，那么空心柱实体部分的下边界线对应的价格就是开盘价，它的上边界线对应的价格就是收盘价。如果当天价格整体是下跌的，那么刚好相反，此时开盘价则对应着实心柱实体部分的上边界线，收盘价则对应它的下边界线。其中，价格上涨是空心留白，股价下跌则是实心涂黑，简洁又方便。这一黑一白，对中国人来说就是一阴一阳，所以，蜡烛图在我国也叫阴阳线，或者阴阳烛图。其实，就连蜡烛图这种叫法本身也是中国人给的，蜡烛图的发明者则有他自己的叫法——罫线。

“罫”这个字在中国汉字中读guà或者guǎi，但在日语中则读作kēi，意思是鱼眼方格或者围棋上的格子，或许罫线当时是画在格子纸上的吧。这种古老的价格记录工具发明出来后，很快就风靡全球，也传到西方人的耳朵里。西方人听说这个工具叫罫（kēi）线，就用大写字母K来代替它的发音，由此翻译而来，这就是K线的由来。

K线的发明者叫本间宗久，如图9–3所示，他可是日本家喻户晓的传奇人物。

图9–3　本间宗久画像

在当时的米市交易中，他结合季节气候的变化以及政治动荡的影响，运用K线工具分析市场的波动方向，每次预测无不神准，被称为市场交易之神。据史料记载，他运用自己发明的K线工具，在市场中持续地赚取大笔的财富，还被当时的政府聘请为大藏省（日本财政部）首席顾问，这足以证明他的分析方法被官方所认可。日本民间有句话说，你可以像大名（封地的领主）一样有钱，但不可能像本间宗久一样富有，足见他的财富传奇深入人心。

那么，K线究竟有什么神奇之处，能够历经数百年而岿然不倒，到现在依然发出璀璨的光芒？其中的缘由就是因为它用如此简单的图形，就勾勒出了市场交易者的人性图谱。纵观一张K线图，几乎每一根形态都不尽相同，这各不相同的形态都代表了市场中牛熊大军酣畅淋漓的激战盛况，似乎在生动地讲述着一部部牛与熊之间、多方与空方之间或者说散户与主力之间那种斗智斗勇、奋勇撕杀的历史。

接下来，本堂课就来揭开这每一根典型K线形态背后的秘密，深入剖析它们内部所蕴含的市场交易智慧。如图9-4所示，从图中可以看到，这组K线都有一个共同的特点，那就是它们的实体部分都比较大，几乎占到它们整体高度的三分之二。

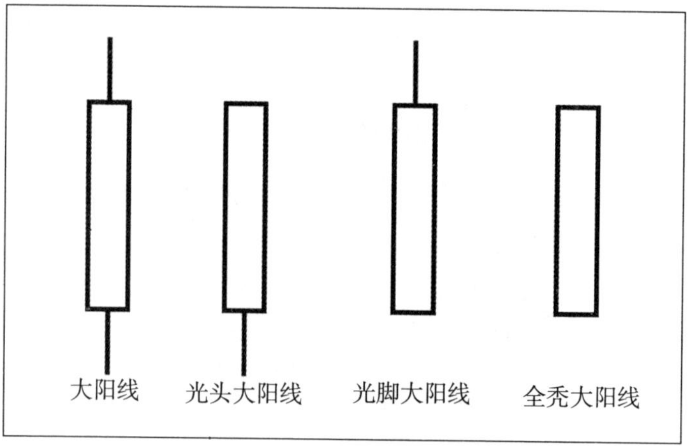

图9-4　大阳线形态

这说明什么？说明牛与熊双方必然有一方的力量占据了绝对优势。阳K线中，战斗一打响，牛就把熊打倒在地。尽管熊也展开过反抗，但由于双方力量悬殊，在最后结果来临之际，裁判高喊一，二，三！对了，毫无悬念，牛取得了这场“比赛”的胜利。

在接下来的比赛中，牛有继续取胜的惯性，这对下一场比赛的结果提供了最强大的预测价值。

如图9–5所示，出现这种类型的K线之后，股价往往都会继续走高，这就是惯性的力量。而阴K线情况则刚好相反，大家逆向思维即可理解，此处不再赘述。

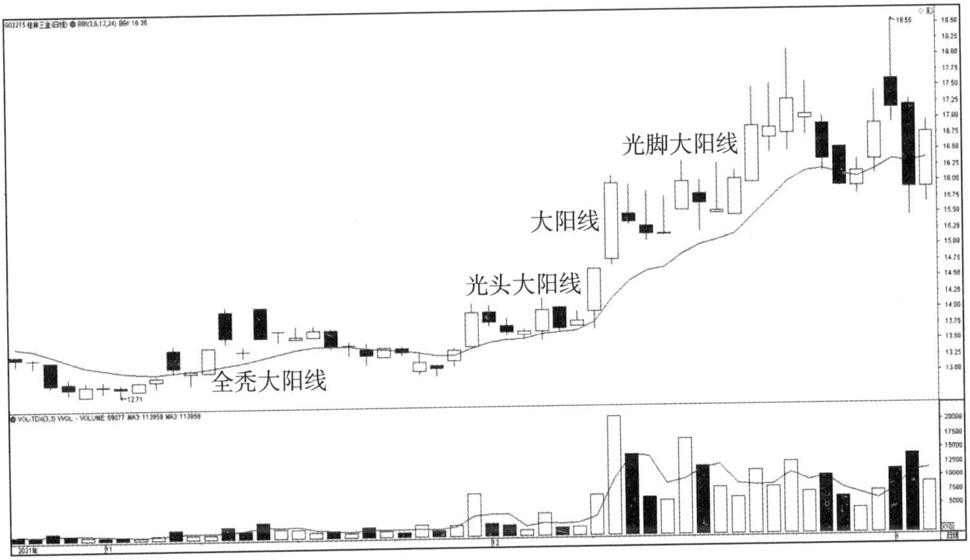

图9–5　大阳线的预测价值

图9–6则是另外一组形态的K线，这组K线有一个共同的特点，那就是它们的影线都比较长，而实体部分则非常短。它们那长长的影线说明牛熊双方之间的斗争非常残酷，尽管锤子星型的K线中牛取得了最终胜利，但熊的力量也不容小觑。如果不是比赛时间的问题，熊也完全有可能取得胜利。所以，这种类型的K线往往出现在趋势将要发生改变的拐点附近，如图9–7

所示。一旦出现这种类型的K线，大家一定要提高警惕，因为趋势改变即将发生。

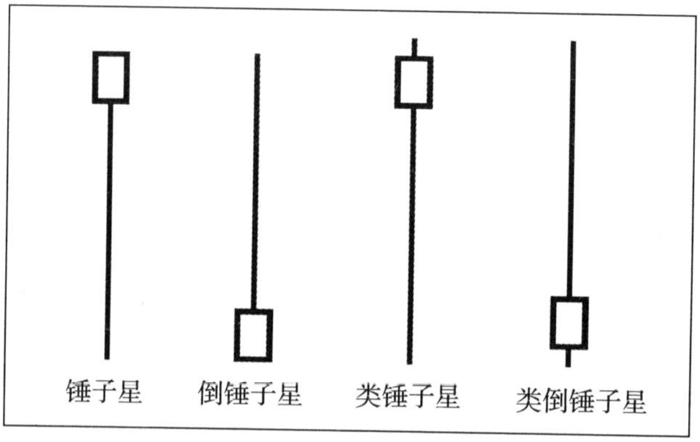

图9-6 锤子星线形态

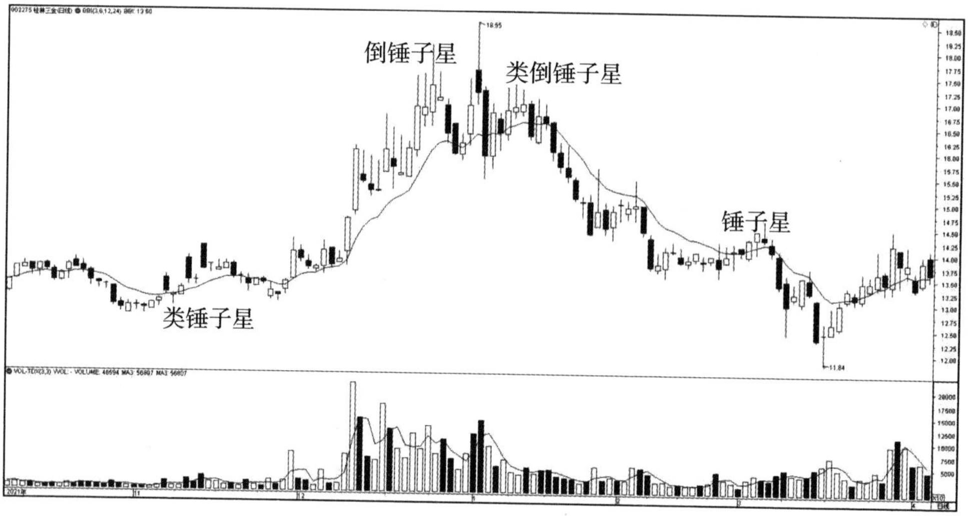

图9-7 用倒锤子星K线预测趋势反转

其实，长长的影线不一定都是锤子星型的K线，还有可能是十字星型的K线，如图9-8所示。当牛熊之间经过激烈的战斗之后，双方又回到了它们战斗的起点。究竟是牛取得了胜利，还是熊取得了胜利，不好分说。有人说蜻蜓十字星是牛取得了胜利，十字星是双方打了个平手，而墓碑十字星则是熊战胜了牛。

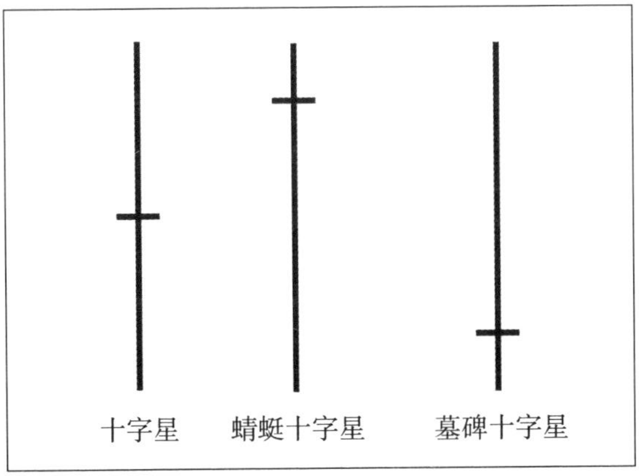

图9-8　十字星K线

错，大错特错！事实并非如此。本间宗久认为，无论哪种十字星都代表牛熊力量不相上下，双方战争处于胶着状态。如果股价此前一直在稳步上涨，遇到十字星K线，就说明熊在这一刻的力量已经可以和牛进行一场势均力敌的战斗，预示着股价即将反转，反之亦然。所以，十字星又称反转之星，一旦出现，表明股价趋势即将发生改变。尤其是在短线波段交易中遇到这种K线，应及时止盈出场，切勿犹豫！如图9-9所示。

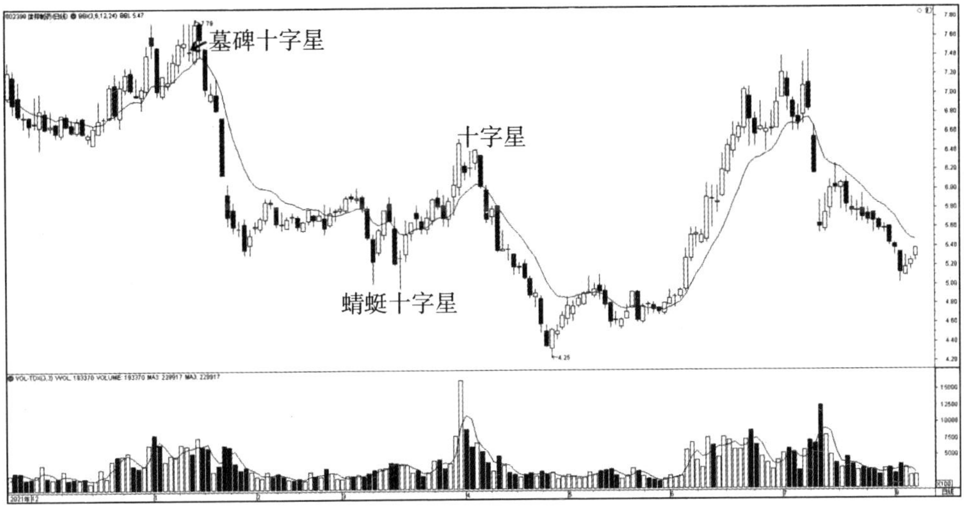

图9-9　十字星K线的意义

正如上边讲到的那样，形态各异的单根K线，都蕴含着丰富的市场含义，那么几根K线组合到一起，又将产生怎样的化学反应？其中的奥秘下面为大家揭开。

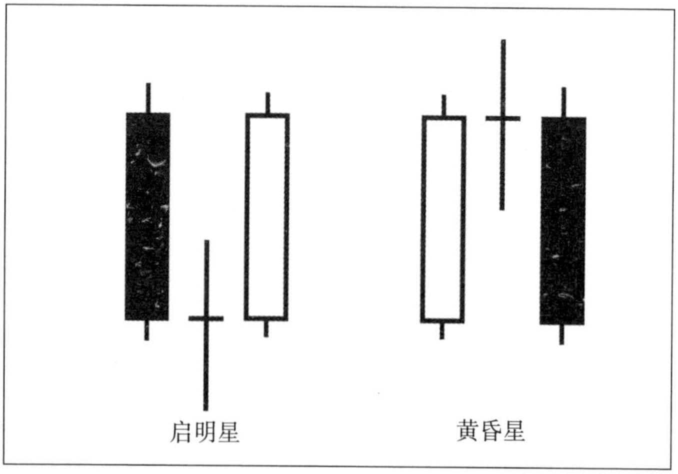

图9-10　K线组合：启明星与黄昏星

如图9-10所示，这是被大家称为启明星与黄昏星的K线组合形态。其中启明星是看涨K线组合，出现这种情况预示着股价将要反转向上。黄昏星则是看跌K线组合，出现该组合则代表股价将要反转向下。这种K线组合的特点就是两根阴阳K线之间夹着一根十字星。此前讲过，十字星本身就是一个反转信号，再加上一个天庭饱满的K线来确认，就为反转方向指明了道路。启明星的十字星后边跟的是大阳线，确认股价向上反转。黄昏星后边跟的是大阴线，确认股价向下反转。如图9-11所示。

图9-12中的两种K线组合分别是看涨吞没和看跌吞没。这种K线组合的特点很明显，其中看涨吞没就是有一根非常大且饱满的大阳线向上吞没前面的一根或两根K线，立场坚定地表示反转的方向向上。看跌吞没的这个大阴线则说明反转的方向向下。如图9-13所示，实战中也证明了这一点。

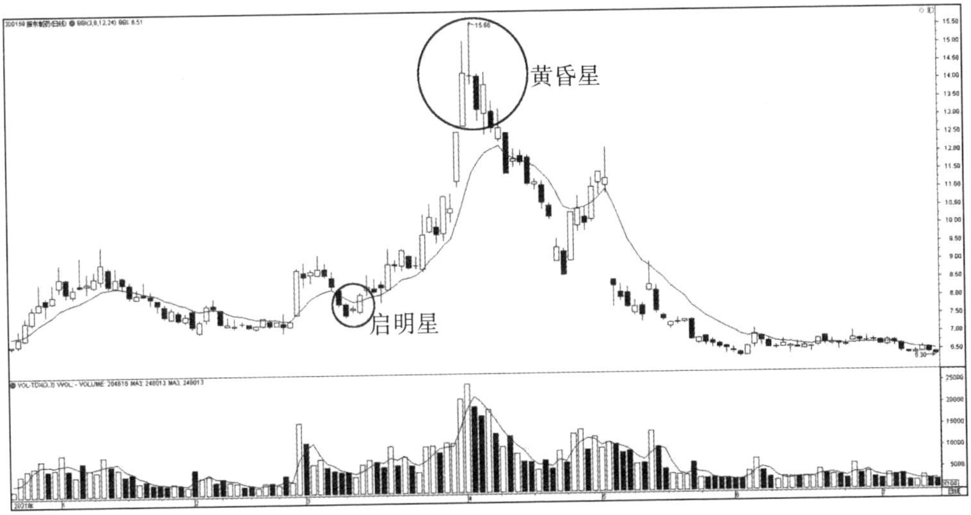

图9-11　黄昏星应用示例

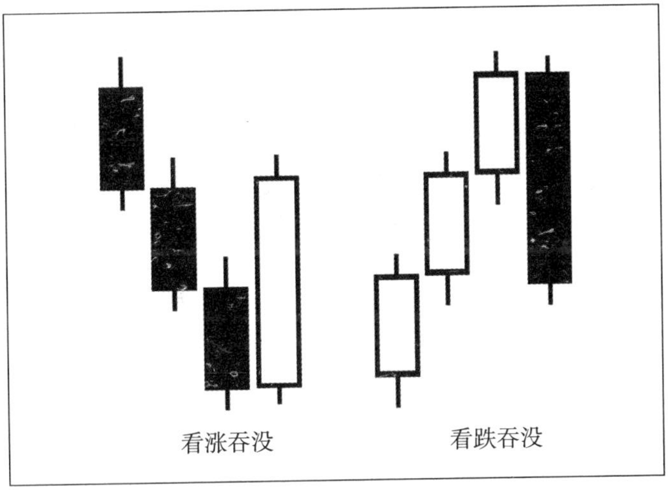

图9-12　K线组合：看涨吞没与看跌吞没

刚才说的几种K线组合都比较好识别，接下来的这两种K线组合就不怎么好识别了，如图9-14所示，本书分别称为升势双夹和跌势双夹形态。这种类型的K线组合有个特点，就是远看是一堆K线，走近了仔细看原来就是一个小的W底或者M顶，这是一种典型的反转形态。如图9-15所示，实战中也经常能看到。

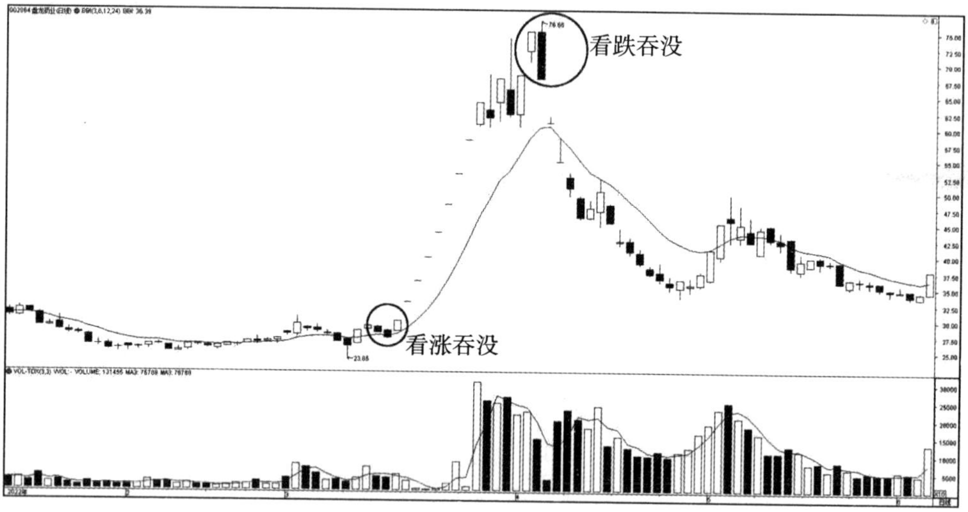

图9-13　看跌吞没K线组合应用示例

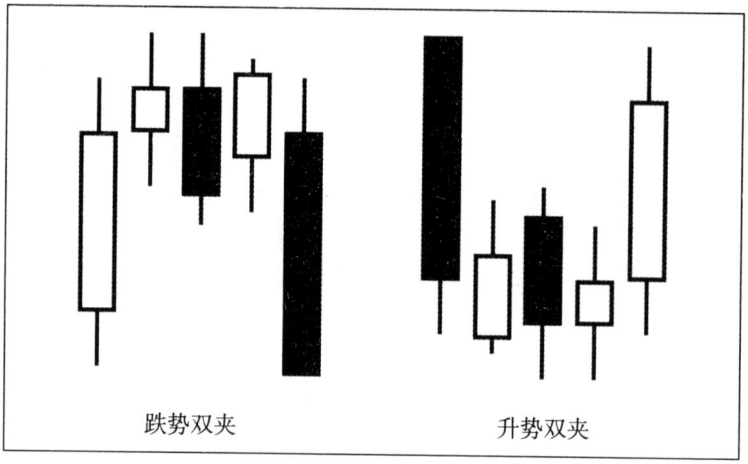

图9-14　K线组合：升势双夹和跌势双夹

其实，K线组合还有很多种类型，但最具有实战参考价值的就是这些。交易中，大家千万不要仅仅根据单根K线形态或者几根K线组合就决定买入或者卖出。做出买卖决定一定是综合判断的结果，如果发现股价到达了阻力位，而且确认上升趋势已经发生了改变，那么即使在此刻出现了看涨K线组合也必须视而不见，因为决定上升走势能够走多远的关键是趋势，并非简单的K线形态，所以，K线分析只是辅助而并非全部。

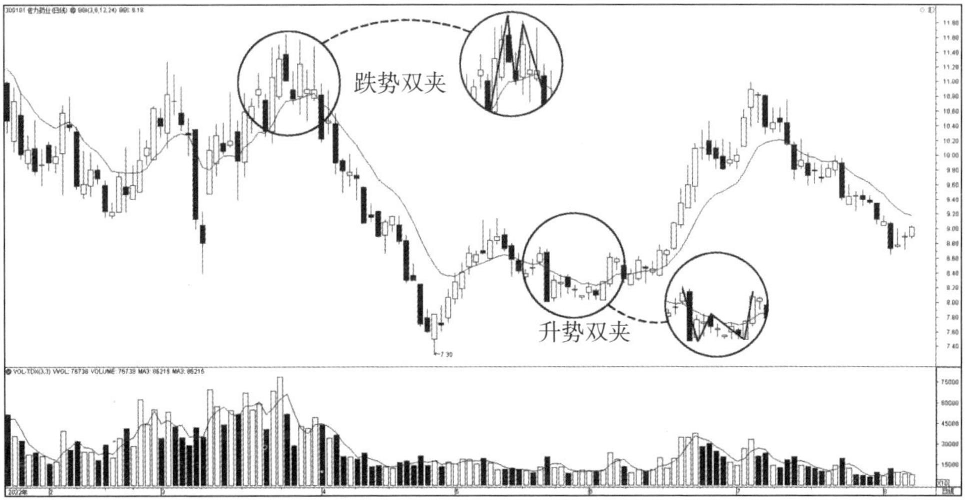

图9-15　升势双夹和跌势双夹应用示例

那么，究竟该如何找到支撑与压力位，同时确认趋势发生改变了呢？关于这些问题，下一堂课再给大家详细讲解。

第十堂必修课

趋势、支撑及阻力位大揭秘

常言道，方向比努力更重要。如果方向都错了，那再多的努力也是徒劳。炒股也是如此，趋势、时间、模式和幅度都是研究市场的关键。但盈利的核心还是趋势，市场要么涨，要么跌，精准把握趋势，在股价上涨时迅速买入，在股价下跌时及时抛出，必然赚得盆满钵满。那么，趋势是什么？趋势改变时究竟发生了什么？趋势改变之后价格的支撑位和阻力位在哪里？关于这些问题，本堂课将为大家详细揭秘。

一百多年前，《华尔街日报》创始人及首位编辑查尔斯· 亨利·道就指出：股价沿着趋势运行。那么，究竟什么是趋势呢？其实趋势就是在所观察的股价运行时间区间内，股价整体向上运行、向下运行或者横向运行的运动状态。也就是人们常说的上升趋势、下降趋势以及盘整趋势。如图10-1所示。

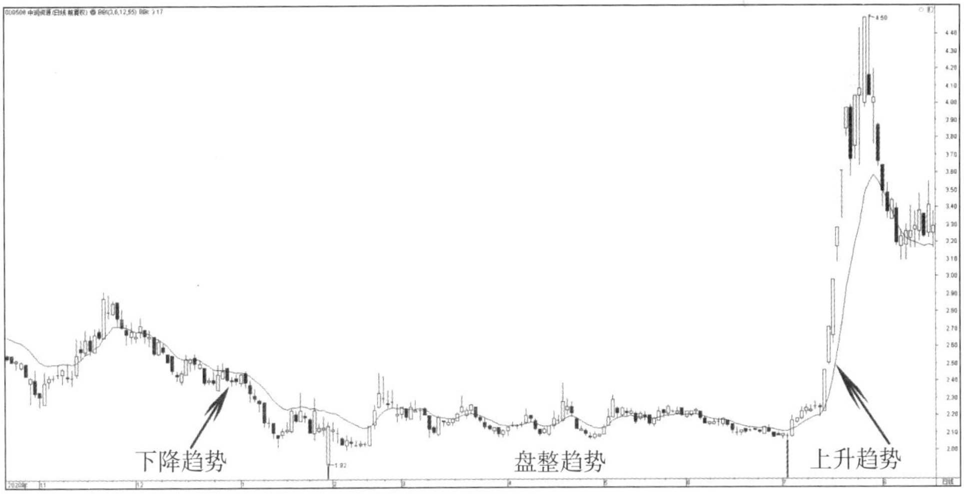

图10-1 股价的运行趋势

实战中，如果趋势要发生改变，必须满足三个条件，见图10-2（以上升趋势改变为例）。

1）股价跌破上升趋势线；

2）股价反弹试探关键点A（趋势线被跌破之前的最高点）失败；

3）股价完全跌破关键点B（股价跌破趋势线后反弹时形成的低点）。

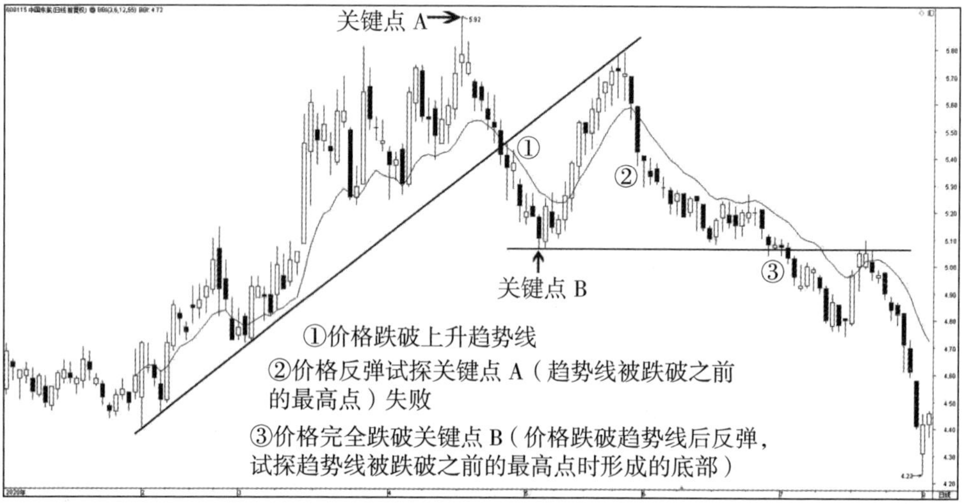

图10–2　关键点位示例

如图10–2所示，以上三个条件缺一不可。如果只触发了一个或两个条件，只能证明趋势有可能改变。如果三个条件全部满足，则趋势必然发生了改变。情况就是如此，看起来很简单，但必须借助有效的工具、形成可操作的方法才行。因此，首先大家得学会画趋势线。趋势线的绘制方法很简单，按照以下口诀操作即可。

上升趋势线的绘制方法：在所确定的上升趋势中，连接最低点和最高点前的某一个低点绘制一条线，同时要求在最低点和最高点之间不允许有任何股价穿越。如图10–3所示。

下降趋势线的绘制方法：在所确定的下降趋势中，连接最高点和最低点前的某一个高点绘制一条线，同时要求在最高点和最低点之间不允许有任何股价穿越。如图10–4所示。

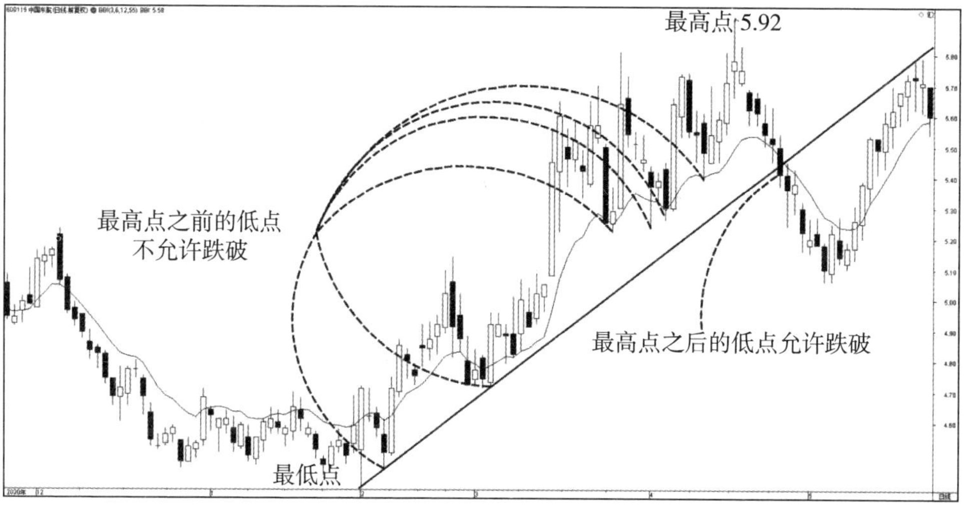

图10-3　上升趋势线的画法

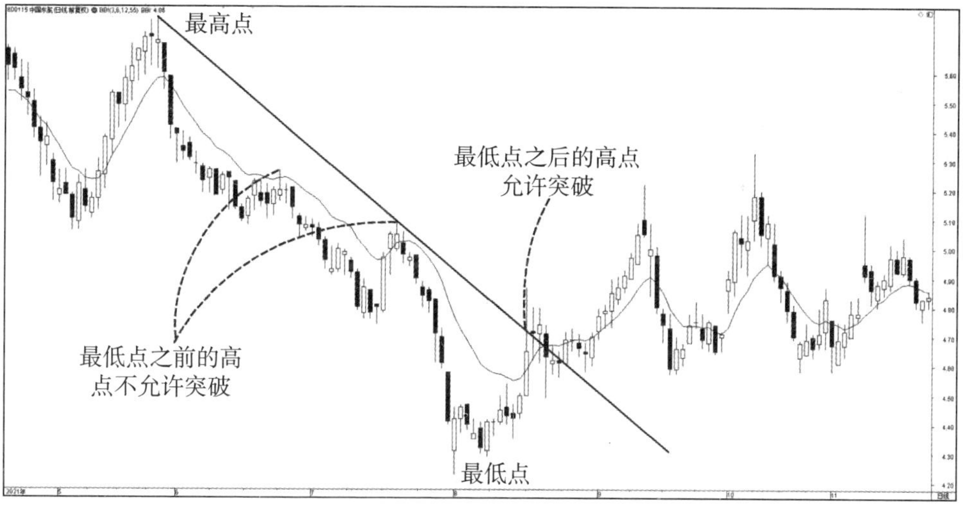

图10-4　下降趋势线的画法

以上升趋势为起点，在对该趋势进行跟踪时，首先绘制出上升趋势线，只要股价不跌破趋势线，就说明这个上升趋势依然保持良好，可以继续持有。如图10-5所示。但是，如果某一天发现股价跌破了上升趋势线，则立即通过上升趋势线被跌破之前的最高点（关键点A）绘制一条水平直线，然后静静地等待股价的变化。如图10-6所示。

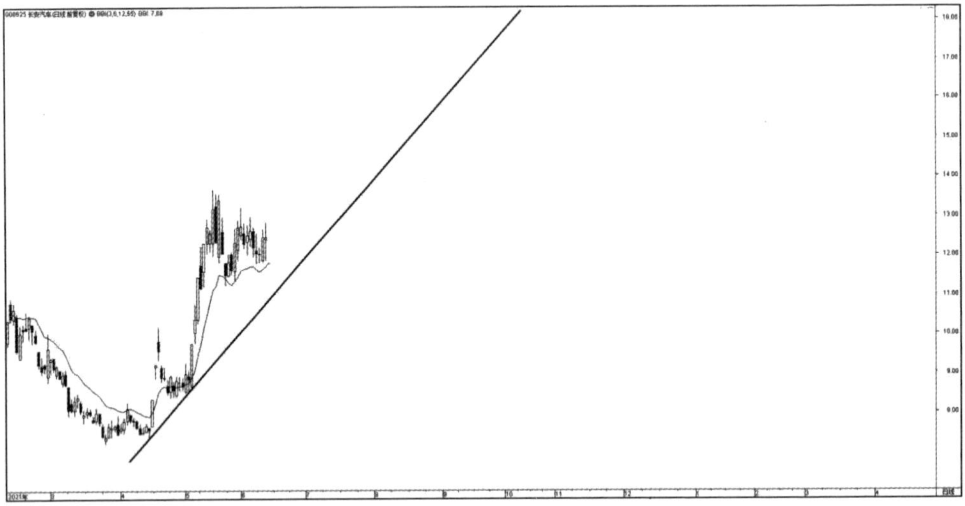

图10-5　趋势线应用示例

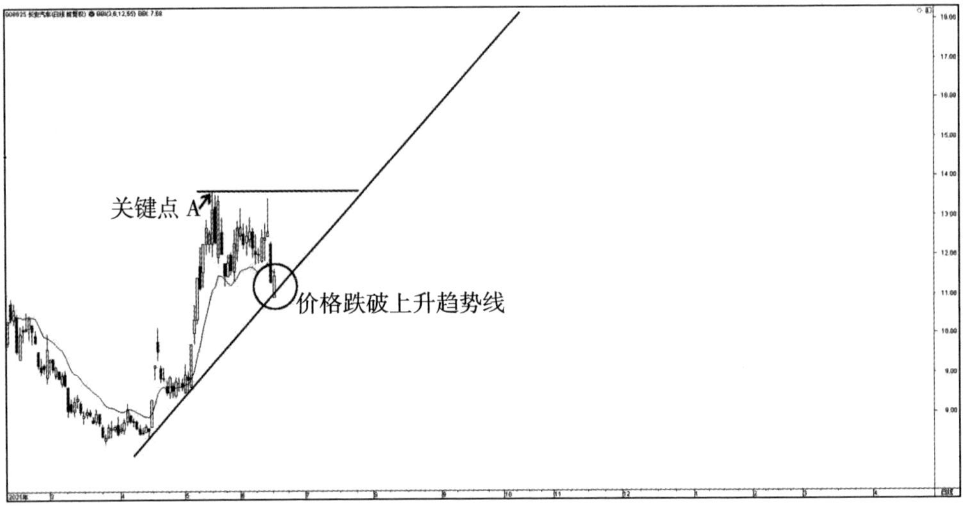

图10-6　跌破趋势线示例

此时有人会说，股价会不会就这样直接跌下去？当然会！但是，这种概率只有不到20%，所以买入的股票必须设置止损点。而80%的情况则是这样，用不了多久就会发现股价开始反弹，并去试探趋势线被跌破之前的最高点（关键点A）。股价在反弹时必然会形成一个反转低点（关键点B），立即通过关键点B绘制一条水平线。通过关键点A和关键点B的这两条水平线构成了价格区间。至此，股价舞台搭建成功，就可以来杯茶静静地看“表演”了。如果股价直接突破关键点A并站上去，那说明上升趋势依然保持良好，可以继续持有这只股票。同时，还要对上升趋势线进行修正。如图10–7所示。

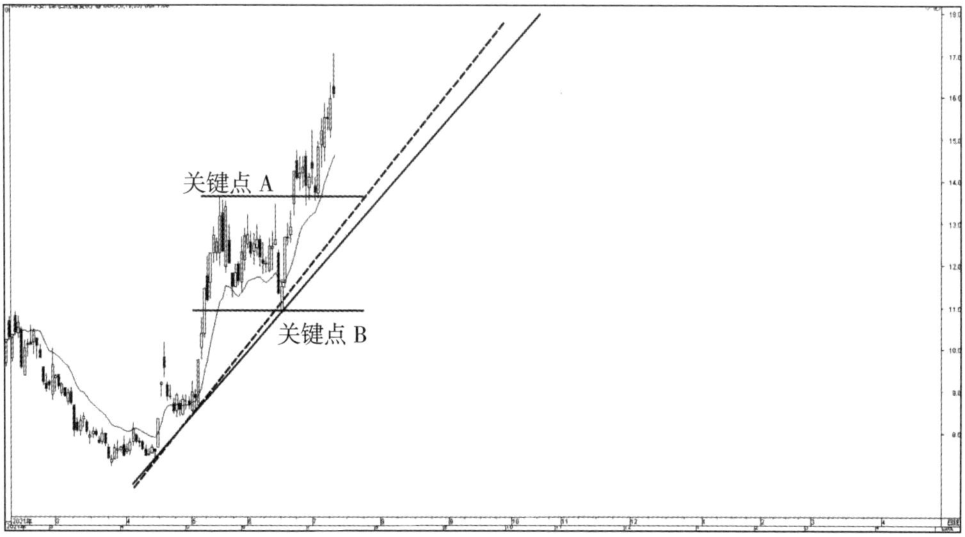

图10–7　关键点位的确定

如果股价并没有站上关键点A，而是试探失败扭头向下，这时应密切关注BBI指标。只要发现股价走到了BBI指标之下，则立即执行止盈操作，随后继续关注股价波动。也许股价会下跌并展开对关键点B的试探，如图10–8所示。如果股价试探关键点B失败并反弹站在BBI指标线之上，就可以择机短线买入，然后等待股价再次展开对关键点A的试探。如果股价不能站上关键点A，应注意及时止盈。如图10–9所示。

如果股价试探关键点B没有失败，而是完全跌穿了，此时关于上升趋势改变的三个条件已经满足，说明上升趋势被确认转变为下降趋势。这时应该绘制下降趋势线并展开对下降趋势的跟踪。如图10–10所示。

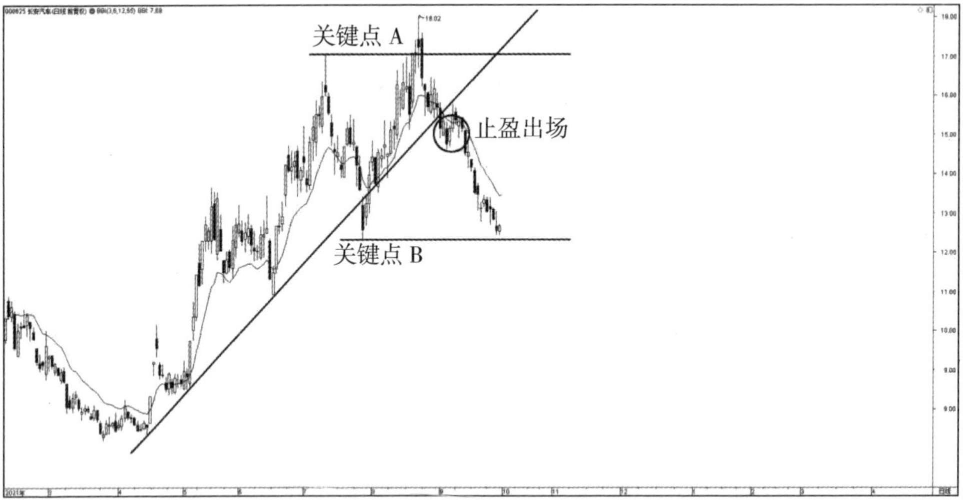

图10-8　关键点位操作示例

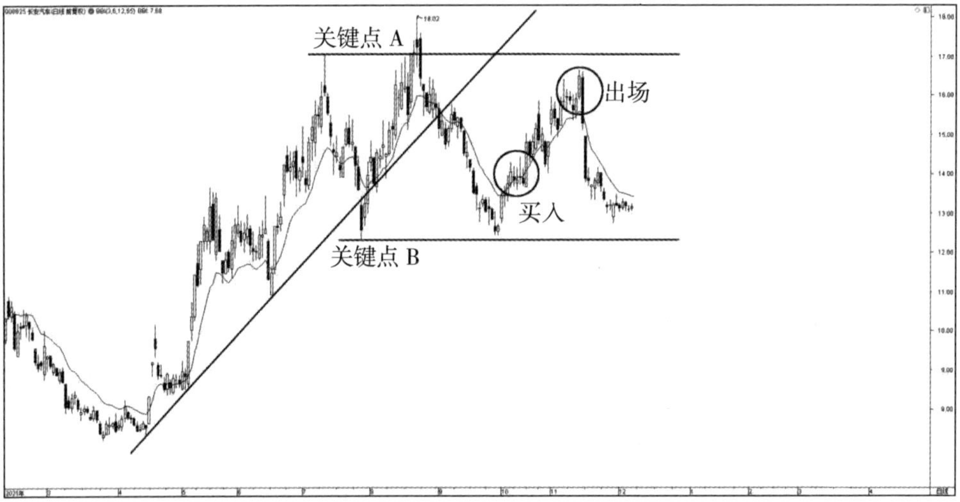

图10-9　关键区间买卖操作示例

只要股价没有突破下降趋势线，就说明熊市没有任何改变。直到某一天股价突破了下降趋势线，这时立即通过趋势线被突破之前的最低点（关键点A）绘制一条水平直线。如图10-11所示。

尽管股价有20%的概率会直接拉上去，交易上可能会错过一小波获利机会，但80%的概率是没过多久股价就反转向下去试探关键点A。此时，股价

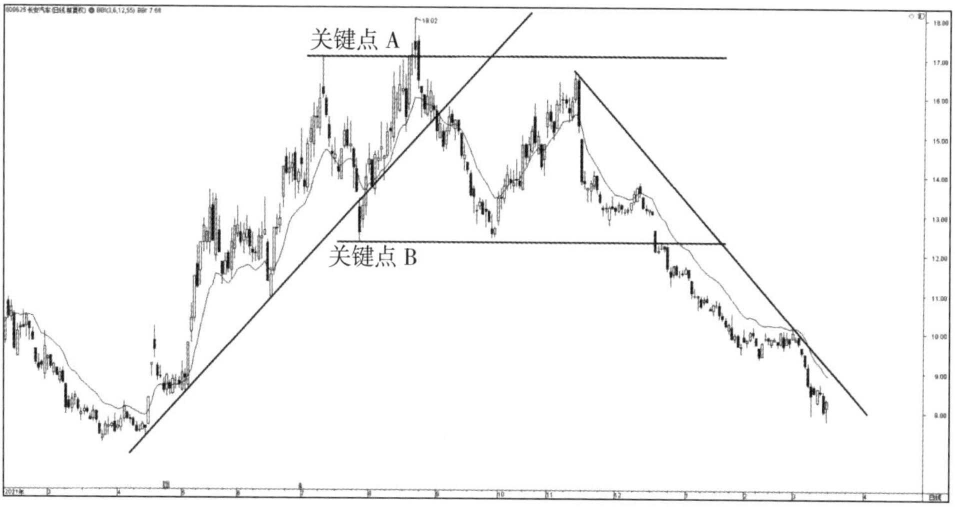

图10-10 趋势转变

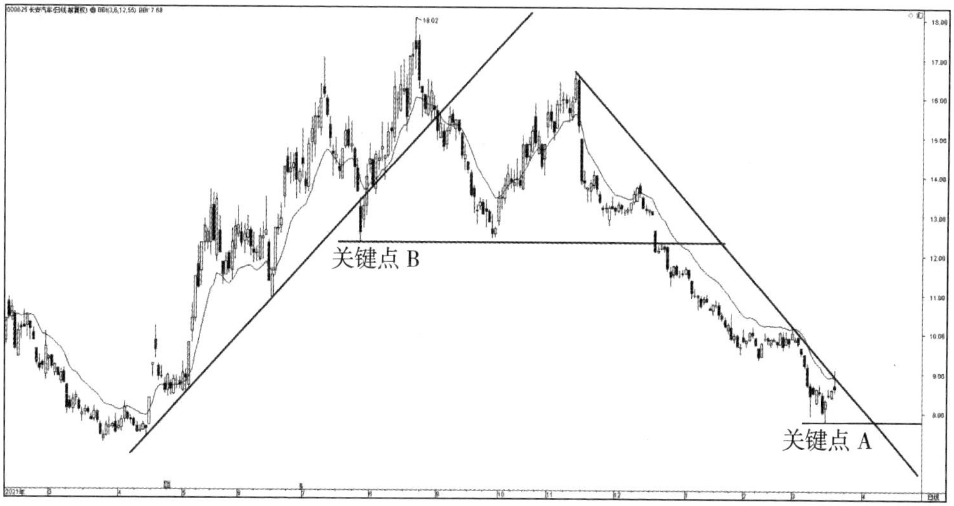

图10-11 支撑位和阻力位选取方法

就形成了一个反转高点（关键点B），立即通过这个顶部绘制一条水平线，此时价格舞台搭建成功。如果股价完全跌破了关键点A，则说明下降趋势继续保持良好，此时应及时修正下降趋势线，继续跟踪下降趋势，如图10-12所示。

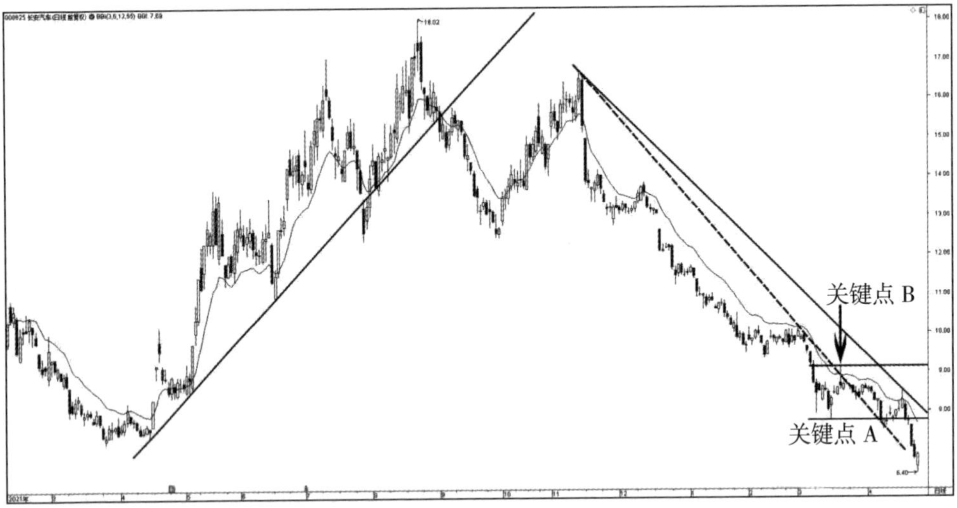

图10-12 试探关键点位

如果股价试探关键点A失败并展开反弹，当发现股价站上BBI指标线之后，就可以择机买入这只股票了。随后股价继续反弹，展开对关键点B的试探。如果股价试探关键点B失败，当发现股价到了BBI指标下方，则及时止盈该股票即可。随后，股价会继续展开对关键点A的试探。关于股价对关键点A试探的过程及操作前面已讲过，此处不再赘述。如图10-13所示。

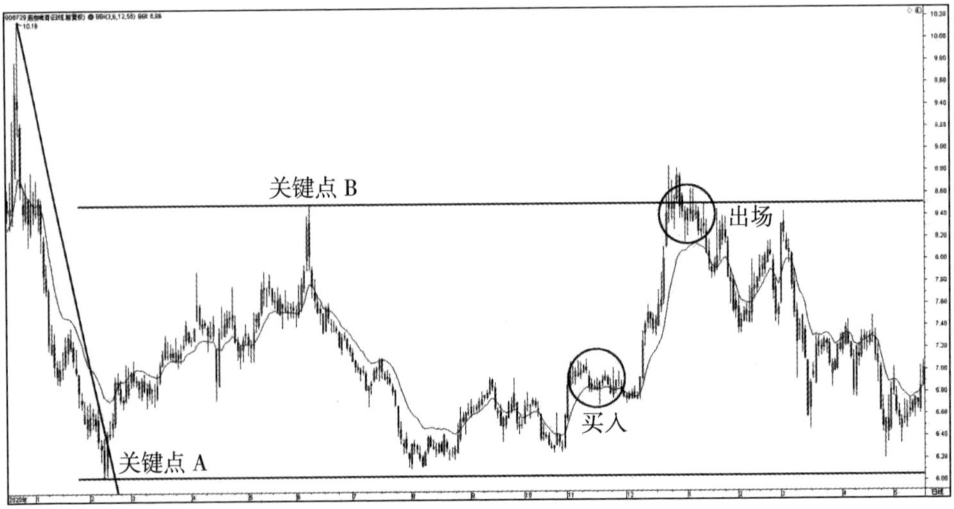

图10-13 买卖点选择

假如股价试探关键点B没有失败，而是完全突破并站稳了该点，此时确认下降趋势改变的三大条件已经完全满足，下降趋势确认正式转变为上升趋势。这时应该绘制上升趋势线，对上升趋势进行跟踪，如图10-14所示。同时，对试探关键点A失败之后买入的股票继续持有即可。至于对上升趋势的跟踪及后续操作前面已经讲过，这里不再赘述。

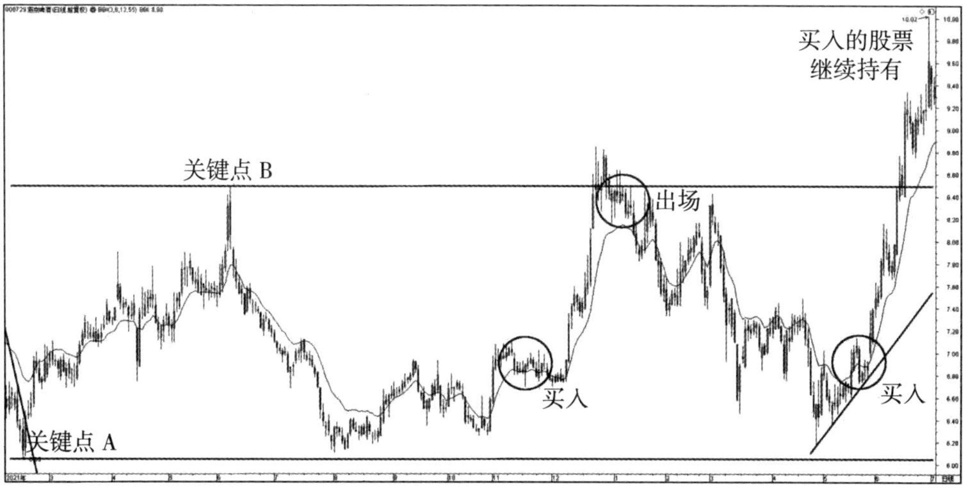

图10-14　根据关键点位确定买卖点

这时会发现，股价处于上升趋势中，或者处于由两条水平线搭建的股价舞台之中，或者处在下降趋势中，或者处在下降趋势结束并进入到新的盘整区间中，或者下降趋势继续保持良好，或者下降趋势转变为上升趋势。整个趋势运行过程都是连贯的，无论股价怎么走，只要用趋势线跟踪并按照规则交易即可。

在整个趋势变化过程中，通过关键点A和关键点B绘制的两条水平线，分别发挥着支撑和阻力的作用。其实，在上升走势逐步展开的过程中，此前股价处于下降走势中的一些关键的顶部和底部，都会成为股价上升走势过程中的阻力位。一旦这些阻力位被站上去，此前的阻力就会转化为支撑股价继续上升的支撑位，这就是阻力与支撑的互换过程。通过这些支撑与阻力所绘制的水平线，就是常说的支撑与阻力线。如图10–15所示。

下降趋势的支撑与压力线可以通过此前已经走出的上升趋势的主要高点和低点来确认。如图10–16所示。

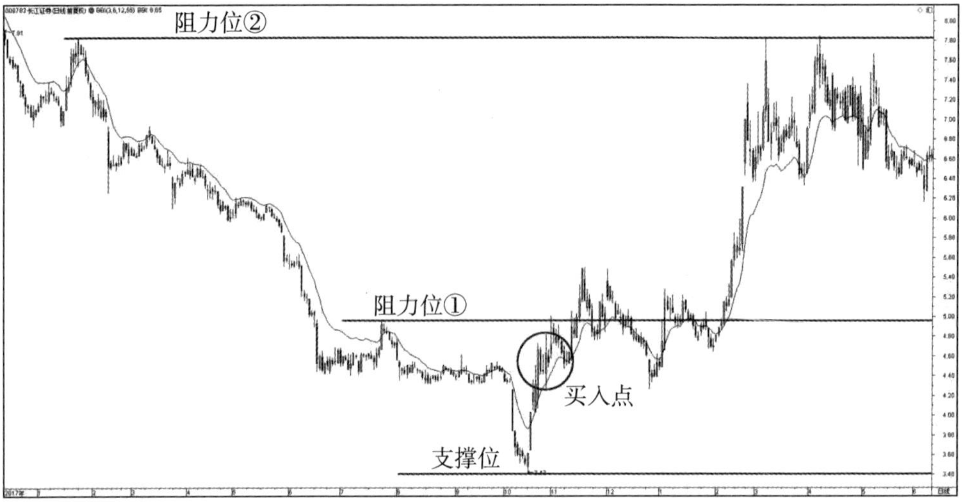

图10–15　支撑线与阻力线

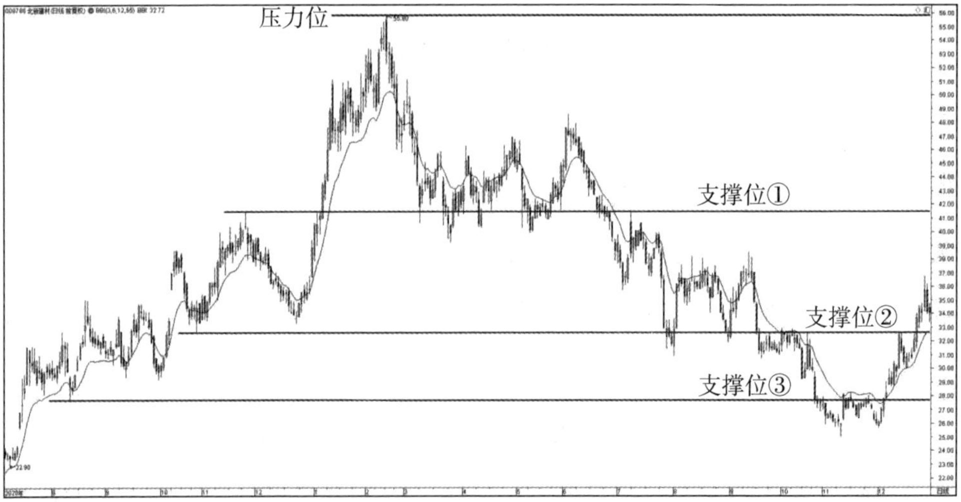

图10–16　下降趋势中的支撑位

在趋势跟踪中，为什么一定要知道前方的压力位在哪里呢？因为这一个个的压力位，就是交易者买入股票之后可以预期的目标止盈点或止损点。除非入场位距离第一压力位即第一止盈点有足够的利润空间，否则交易者就应该果断放弃这次入场行动。只有前方一个个的目标位都有充足的止盈空间，交易者才应直面压力，迎接挑战，坚决持有股票，不要只赚一点就撒腿跑掉，应该学会“让利润奔跑”。

趋势是灵魂，阻力是目标，只有明白这句话的内涵，才真正开始了在市场中的成长，如此，本堂课的目标就算是实现了。让我们再次踏上征途，进入到下一堂课程的学习之旅吧。朋友们，加油！

第十一堂必修课

股价缺口大揭秘

只要股市存在一天，市场中的相关消息就会每时每刻地刺激每一位交易者的神经。尽管这些消息在大多数情况下并不会对股市的趋势真正造成实质性的改变，但是被大众解读为利好或者利空的消息，总能对股价产生或多或少的影响。兴奋也好，悲观也罢，人们总是这样热衷于受市场情绪的支配，在牛与熊的战斗中蹉跎岁月，并且在这一幅幅的股票价格走势图上留下一个个深深的烙印。

按照市场交易规则，每天的开盘价都是由早晨开盘前9:15到9:25之间的集合竞价产生的。如果既没有大的利好或者利空消息刺激，也没有主力从中作梗，那么当天的开盘价往往就是前一天的收盘价，股价波动衔接连续，犹如行云流水一般。然而，一旦受到相关消息的刺激或者主力故意拉抬或打压股价，当天的开盘价就会高于或者低于前一天的收盘价，形成一个个股价缺口。细细体味，这一个个缺口就像一个个嘴巴一样，正在七嘴八舌地诉说着市场的激情与罪恶。

股价缺口，正如它的形态那样，里面空无一切，既没有买方也没有卖方。当一只股票的开盘价高于前一日的收盘价，就形成向上跳空缺口。比如前一日的收盘价是100元，当天集合竞价的开盘价是105元，就说明股价在100元到105元的区间没有成交价格，这往往是受到利好消息的刺激或者主力故意拉抬股价的结果。反之，一只股票的开盘价低于前一日的收盘价，就形成向下跳空缺口。比如，前收盘100元，当天集合竞价的开盘价是95元，这就形成了5元的向下跳空缺口，95元到100元之间没有成交价，这往往是受到利空消息的刺激或者主力故意打压股价造成的。

如图11-1所示，股价缺口其实比较普遍，沿着那蜿蜒崎岖的股价线一路走来，缺口随处可见。这一个个缺口正是交易者一个个交易日或兴奋或恐慌的表现，将交易者在股市中的喜怒哀乐与悲欢离合表现得淋漓尽致。

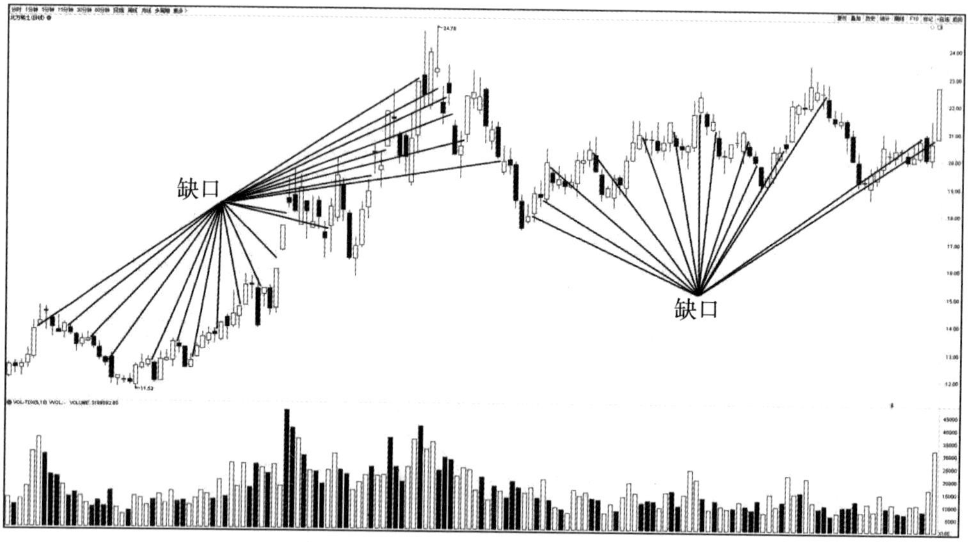

图11-1　缺口的形成

如果对股价缺口进行实战研究，就会发现其中的大多数缺口毫无意义，仅仅是交易者瞬间冲动的结果而已。这种普通型缺口的出现，既不会伴随着成交量的明显放大，也不会伴随成交量的明显缩小，而且用不了多久，这种缺口往往就会被回补，这足以证明这种普通型缺口就是散户的冲动行为所致。如图11-2所示，图中的缺口很快被回补。

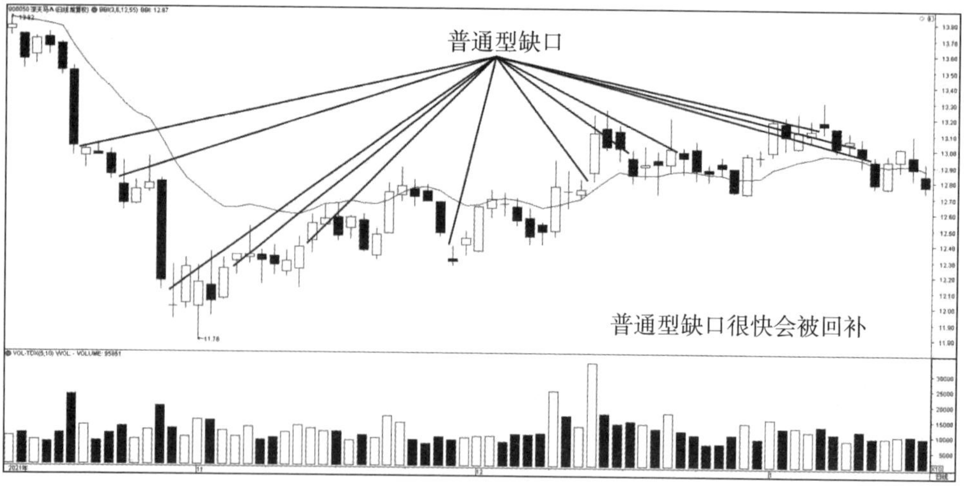

图11-2　普通型缺口的回补

当然，个别流动性太差的股票也会出现缺口，这样的缺口仅仅是由于流动性不足产生的。这种缺口可能短时间内不会回补，也与散户的情绪无关，对应的成交量肯定很小。如图11–3所示。

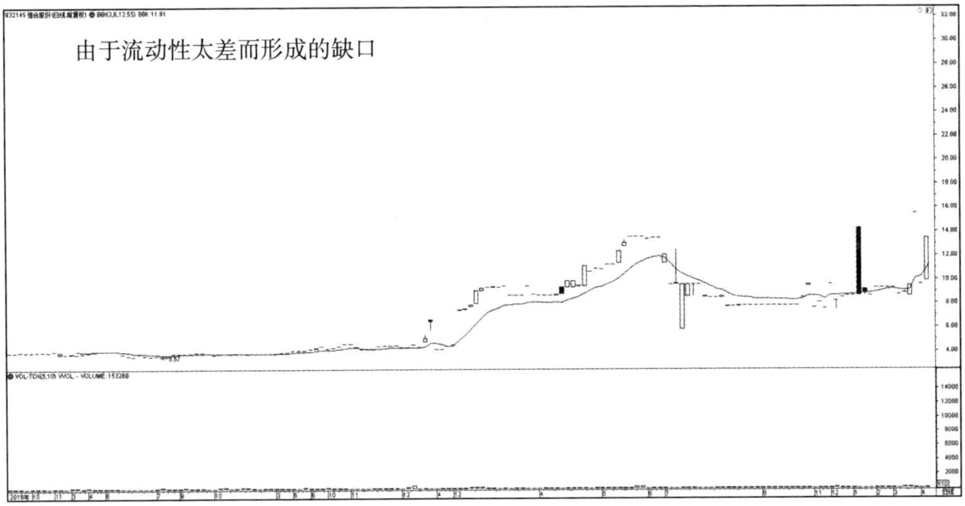

图11–3　不会回补的缺口

图11–4所展示的是由于该公司派发红利导致的除息缺口。这种缺口没有什么实际意义，大家不需要对此缺口进行过度解读。

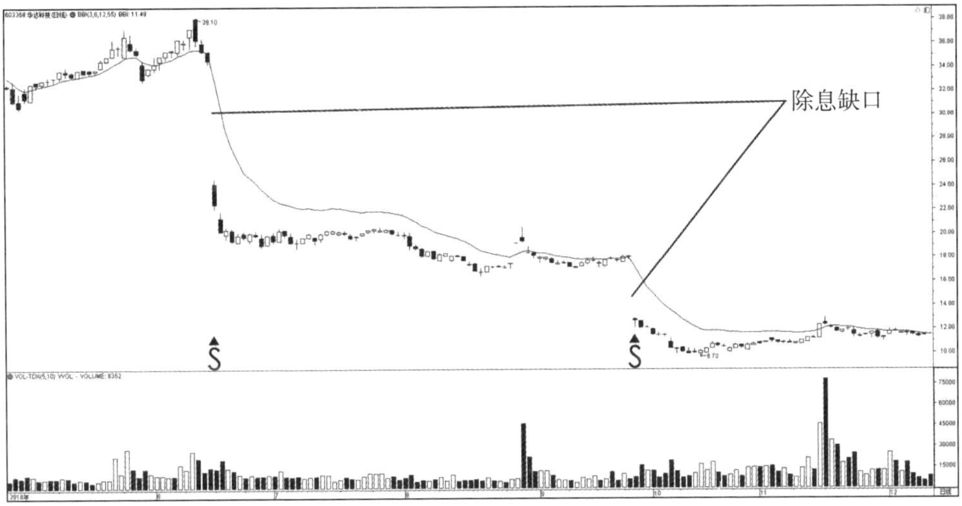

图11–4　除息缺口

那么，有没有对买卖股票具有实战指导价值的缺口呢？答案是肯定的。当一只股票经过深幅的调整之后，形成黄金三角形态，主力开始进入该股，同时展开对该股的震仓洗盘。随后就会发现筹码集中度已经变得非常高了，终于有一天股价展开稳步上涨。在接近底部盘整区间上方压力位时，股价跳空高开，一跃而起并直接站上压力线，同时一定会伴随着成交量的急速放大，这种缺口就是典型的突破型缺口。突破型缺口是主力主动拉抬股价的典型信号，一旦确认，第二个交易日直接买入即可，因为这种突破型的缺口短时间内是不会回补的。如图11-5所示。

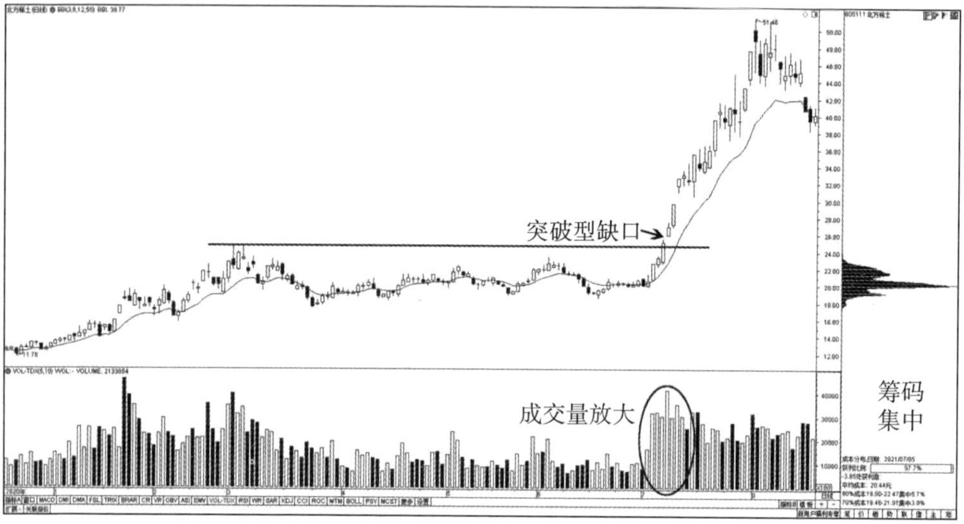

图11-5　突破型缺口

从图中可以看到，北方稀土这只股票经过长时间的横盘整理，主力震仓洗盘之后，筹码集中度已经非常之高。随后破位跳空，直接站上压力位，对应的成交量也迅速放大，说明主力已经开始拉抬股价。交易者如果能够顺势择机入场，必定大有收获。

此处出现的跳空缺口说明，主力直接挂高价居然成交了，表明在压力位附近已经没有卖盘。这表明主力前期清洗浮动筹码比较彻底。尽管在缺口之上依然有部分空方浮动筹码抛出，但主力不仅能全部接住，而且还有更大的资金实力促使股价在收盘时保持上涨。放大的成交量体现了主力的接盘实力，缺口形态就是主力摔杯为号拉抬股价的信号。交易者果断买入，与庄共舞即可。

这种突破型缺口出现之后，随后主力会快速将股价拉离建仓成本区。在这一拉升过程中，往往还会形成新的缺口，这种新的缺口被称为连续型缺口，连续型缺口表明股价还将继续上涨。由于这个时候主力手中的筹码进一步集中，已经对股价具有绝对的话语权，因此，此处的连续型缺口对应的成交量表现一般，与前面出现的突破型缺口的成交量相比要小一些。成交量小说明市场惜售，主力可以很轻松地拉抬股价。同时，还有一个典型特征可以对该缺口进行进一步确认，那就是此处主力在低位的筹码峰依然表现坚挺。如图11-6所示。

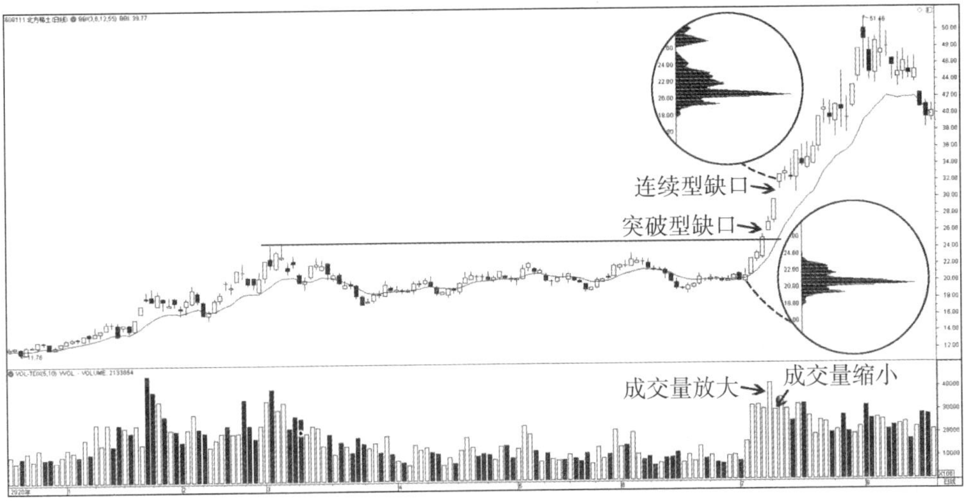

图11-6　筹码峰与连续型缺口的关系

当主力持续拉抬股价接近最终或者阶段性目标位时，那些后知后觉的散户被迅速上涨的股价吸引，迫不及待地入场，导致股价出现非理性的向上跳空缺口。这个时候由于主力已经开始出货，底部的大部分筹码已经向顶部转移，所以，用不了几天这个缺口就会被回补，而且回补时往往也会形成向下的跳空缺口。向下的跳空缺口对应的成交量往往也会迅速放大，这就进一步对主力的主动出货行为进行了印证。这种缺口被称为衰竭型缺口，如图11-7所示。

衰竭型缺口一旦出现，应该立即止盈该股票。尽管随后股价可能会再创新高，而且会在高位持续盘整，但这仅仅只是主力拉高出货的一个过程。记住，主力一旦开始出货，随后都会持续地出货，这从不断缩水的主力筹码峰看得很清楚。所以，不要纠结最后的股价形态，该止盈时及时止盈才是最正确的选择。

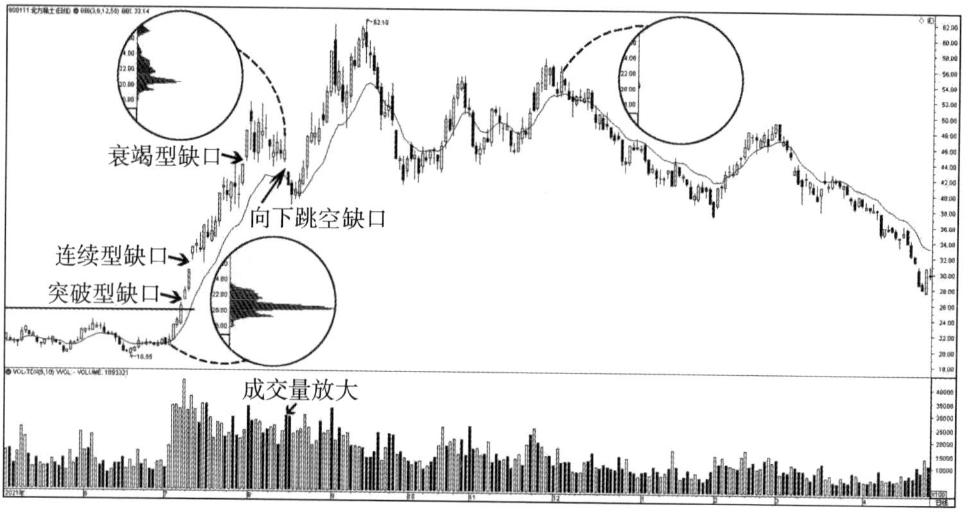

图11-7　主力出货与筹码峰的转移

综上所述，交易者应该会发现，普通型缺口对实战没有什么指导价值，而且这种缺口往往会很快被回补。但是，突破型缺口和连续型缺口却是绝佳的买入时机。因为这两种缺口短时间内是不会被回补的，股价会直接迅速地涨上去。不过，大家也一定要注意辨别衰竭型缺口，不要错失最佳的抛售时机。

同时，对于缺口类型的识别，不仅要根据缺口出现的位置进行判断，更要结合成交量、筹码集中度等指标进行综合确认，以确保及时执行相应的交易策略。

关于股价缺口的问题就探讨到这里，要想成为一名成功的炒股高手，除了要完全掌握这十一堂课教给大家的实战方法和交易智慧，同时还必须拥有炒股高手必备的八大法则，最后一堂课将为大家详细分享，赶紧开启新课程的学习吧。朋友们，下一堂课再见！

第十二堂必修课

炒股高手必备的八大法则

天地之间，宇宙万物都受到法则的约束：白天与黑夜交替，四季的变换，生物的新陈代谢与生老病死，宇宙中星球的有序运动等，无一例外。很难想象，如果没有规则的限制和法则的约束，这个世界究竟会变成何种混乱的模样？无序和碰撞，死寂与尘埃……

作为股市，这个万千交易者悲欢的道场，要想在市场交易中永远立于不败之地，也同样需要交易法则的约束和操作策略的规范。通过前面十一堂课程的讲解，相信大家已经掌握了一整套能在股市驰骋疆场的工具和技巧，而要想将这些工具和技巧有效地运用于实战，实现稳定盈利，从而成为真正的炒股高手，还必须具备八大法则。

法则一：洞悉你所选择的股票

对于要准备买入的任何一只股票，都必须是通过前面介绍的选股三步骤，一看大盘，二选板块，三挑个股，认真鉴别和详细筛选的结果，绝不是因为什么道听途说，或者凭自己的某种感觉或者喜好而胡乱买入的。交易有系统，实战有章法。所谓系统，就是从分析所选股票到最终确认为目标股票，在爆发点买入，买入后在合适的位置加仓或减仓，并在出场位及时出场，然后对此次交易进行反思和总结的整个交易过程，这个过程必须是一个完整的闭环，缺一不可。

同时要强调的是，任何一套能够稳定盈利的交易系统，其框架都是相对固定的。但是在运用到不同的股票时，要根据不同股票的个性进行相应的微调，不能生搬硬套。如图12–1和图12–2所示，这两只股票的波动个性完全不同，图12–1展现的是一只长期看涨、趋势鲜明的股票。而图12–2则展现的是一只宽幅振荡，必须等待股价到达相对的历史底部并受到支撑后，才会有上涨机会的股票。实战中，对于12–1中的股票，只要趋势没有大的改变，就可以长期持有。但图12–2所示的股票，只能进行宽幅区间内的短线波段交易。

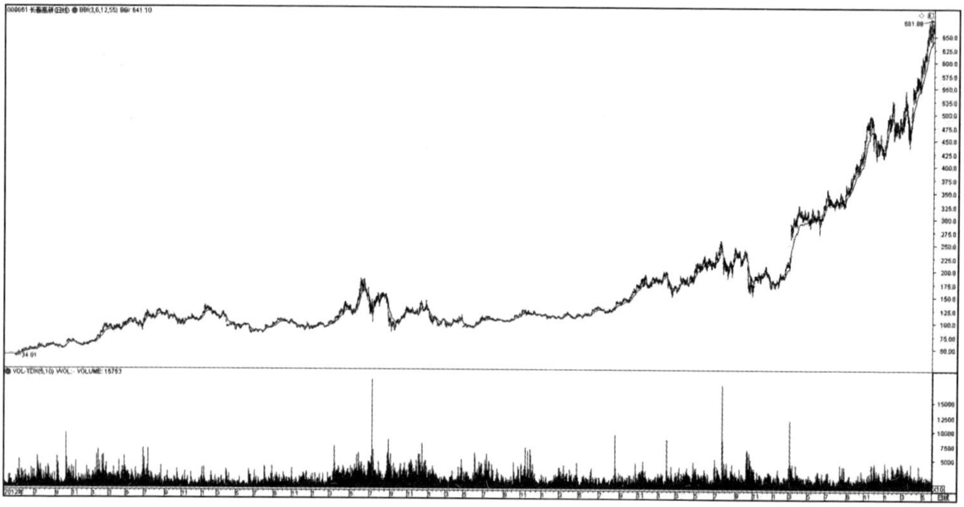

图12–1　趋势特征明显的股票

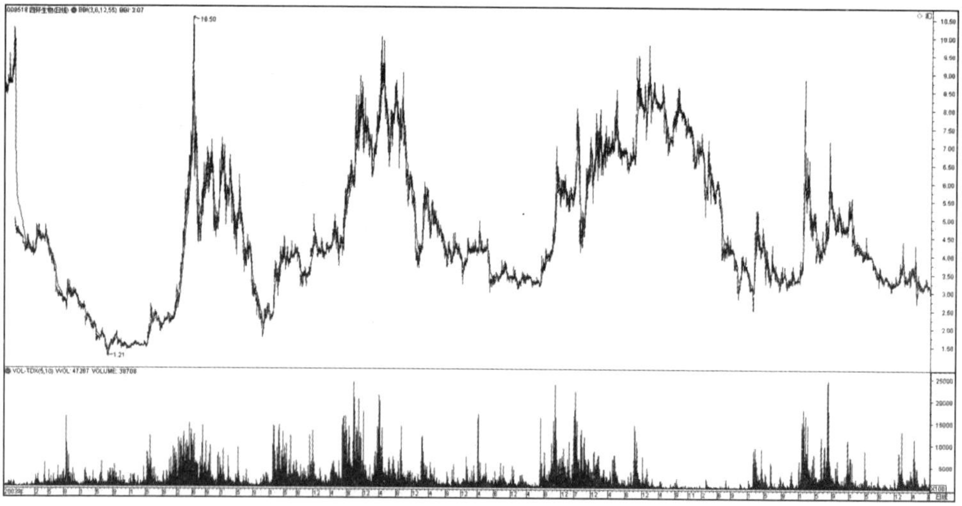

图12–2　宽幅振荡的股票

其实，图12–1和图12–2两只股票同属医药制造板块，板块属性是一样的。但是市场参与者的炒作习惯却完全不同，所以交易中一定要具体问题具体对待，切不可眉毛胡子一把抓。

法则二：入场点的选择

很多初入股市的交易者都有过这样的痛苦，那就是自己买入的股票就是不涨。要么如图12-3所示的那样，入场后股价直接跌下来；要么遇到像图12-4所示的那样，买入后股价反弹了一点，自己还没有怎么赚钱就跌了下来。还有的交易者买入后，股价开始长时间的横向盘整（短则几个星期，长则几个月），就是不涨，如图12-5所示。

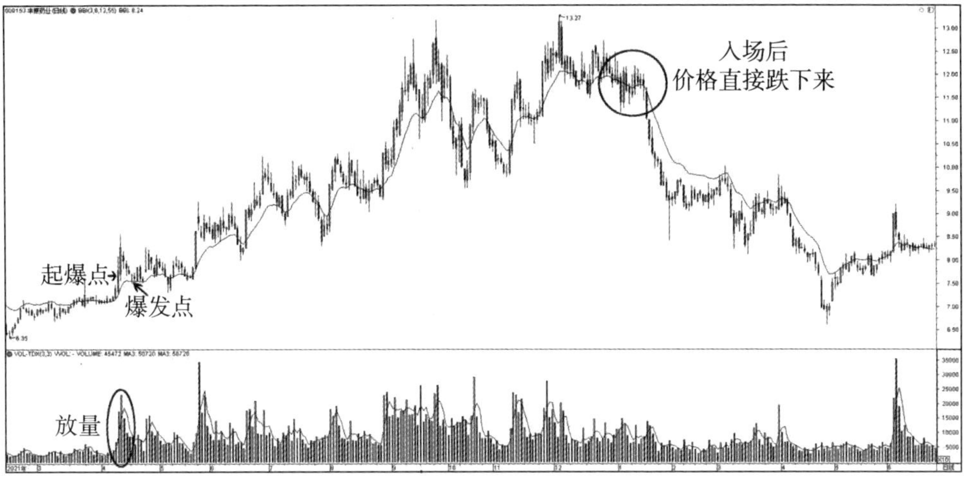

图12-3　买入后下跌示例

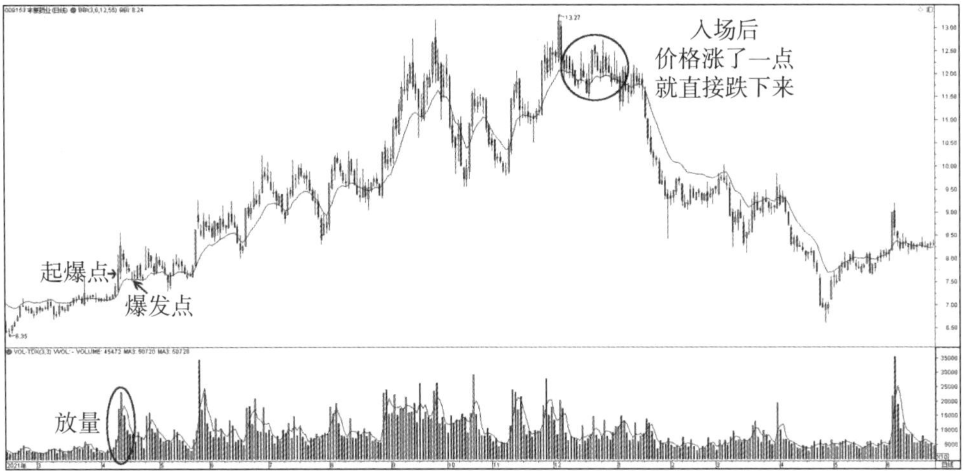

图12-4　买入后略有反弹随即下跌示例

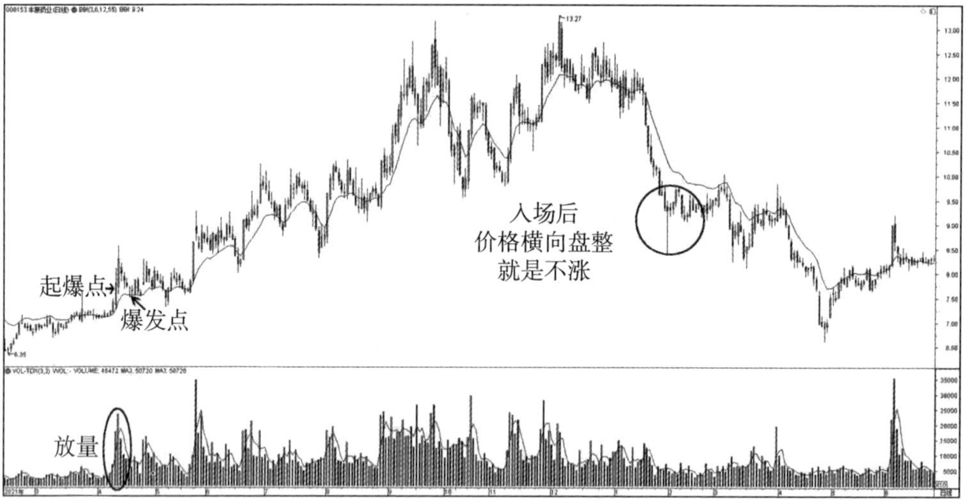

图12-5　买入后长期盘整示例

买入的股票之所以不涨，原因只有一个：那就是没有买到牛市开启前后真正的爆发点。只要你严格按照第三堂课确认主力爆发点的方法进行操作，就不会遇到这种情况。

同时还要强调的是，很多人喜欢听一些经济学者或者财经评论员的评论，说某某板块、某某领域或者某某行业的未来前途和方向都不错，可以持续看涨，甚至说可以果断买入，然后就盲目地买进了相应板块的股票，最终遭遇了前面所说的三种不涨的情况。其实，买入点的选择是交易成功的关键。任何天花乱坠、夸夸其谈的说法，如果没有实战技巧作基础，那就纯属是误人子弟。

纵观各大板块，就最近10年来说，没有哪一个板块能够保持10年连续上涨。就拿大家都看好的新能源汽车、生物医药以及金融板块来说，都不例外。如表12-1所示。

也就是说，即使一些未来10年甚至20年长期看好的板块，在实战交易中也要去精准地把握具体的入场点，千万不要泛泛而谈。请看图12-6的示例。

表 12-1　板块年度涨跌幅统计

年份 涨跌 板块	新能源汽车	生物医药	金融
2012 年	–3.84%	4.01%	31.00%
2013 年	9.90%	59.59%	–0.30%
2014 年	39.24%	16.75%	124.75%
2015 年	81.99%	77.09%	–12.30%
2016 年	–18.18%	–16.42%	–13.99%
2017 年	11.75%	4.67%	–3.04%
2018 年	–39.81%	–22.61%	–28.36%
2019 年	27.25%	53.80%	45.69%
2020 年	89.56%	72.80%	23.04%
2021 年	33.99%	–11.42%	6.29%

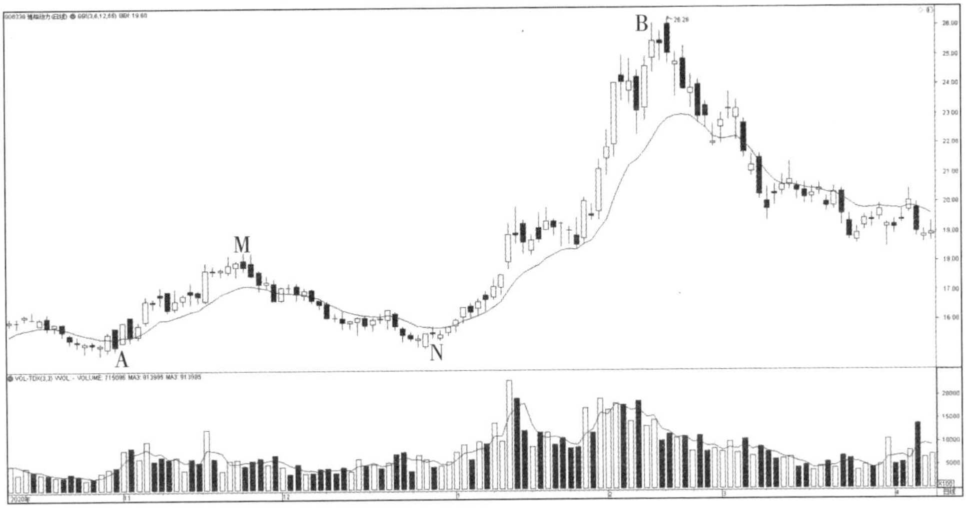

图12–6　股价长期走势示例

如图12–6所示，即使能够准确地预判这只股票要从A点拉升到B点。但在股价从A点到B点的运行过程中，依然有可能出现股价先从A点到M点后，再经过大幅调整到达N点，然后再从N点开始上涨，最终涨到目标B点。如果交易者的入场位是在M点附近，尽管整体方向是对的，但是，交易者的资金以及可以等待的时间可能超出所能承受的范围，在没有保证金交易的A股市场，或许只是多了点时间的煎熬。但如果是在外汇或者期货等杠杆交易市场，需要交易者缴纳一定的保证金，入场位没有选择好时，一次深幅的调整就足以造成爆仓。所以，入场位的选择要注意及时性，也就是入场位距离牛市爆发点的垂直距离越近越好。比如在图12–6的A点或者N点附近及时买入，才是最佳选择。

实战中必须具备量化交易体系。成功的交易者必定是经过多年实战的洗礼依然立于不败之地的人，如果单靠一张嘴夸夸其谈，即使听起来再有依据的结论，都无法经历实战的检验。这一点对于入场位的选择来说至关重要。

法则三：设立止损点

市场交易中，在入场之前，每一笔交易首先要清楚的就是止损点设在哪里。清楚了止损点位，就可以计算出可能的损失大小。无论是巴菲特还是索罗斯，任何人在市场交易中都不可能做到百分之百正确。市场交易成功的关键，首先就是要让这个游戏能够持续地玩下去，这样才有可能成功。如果一次止损就让你永远离开市场，那么这笔交易无论潜在的利润有多大都应该放弃。

止损是市场交易中控制风险的最佳手段，当股价没有按照预期的方向发展时，它可以给交易者最基本的保障。这就好像汽车上的安全气囊一样，当出现一些突发事件或者不可控的因素时，它可以提供乘客最基本的安全保障，让你的损失降到最小，尽可能避免灭顶之灾。

法则四：设立止盈点

刚才强调了设立止损点的重要性，实际上，止盈点的设立也同样重要。在每一笔交易中，当入场位确认后，马上要清楚这笔交易如果做对了，相应的止盈空间有多大；如果做错了，相应的止损空间有多少。如果止损导致的亏损大于交易者的承受范围，即使止盈空间再大也应该放弃。同时，一般情况下，只有当止盈空间达到止损空间的3倍以上时，才可以做这笔交易。按照这样的策略来交易，只要赚一次就可以抵御3次亏损的袭击。也就是说，只要交易系统的成功率达到30%，就可以实现盈亏平衡。如果交易系统的成功率达到50%，就可以有20%的毛利润。

所以，交易就是对入场位、止损点和止盈点的量化。通过这种量化过程，将成功率提升到可以实现稳定盈利，就算达到了标准。整体来说，一套有效的交易系统，成功率当然是越大越好，但绝对不存在百分之百的成概率。所以，设立止盈点就像汽车上的刹车系统一样，当把该赚的利润赚到手后，就应该及时止盈，落袋为安。有的交易者连续大赚之后就得意忘形，最终导致亏损的事件发生。

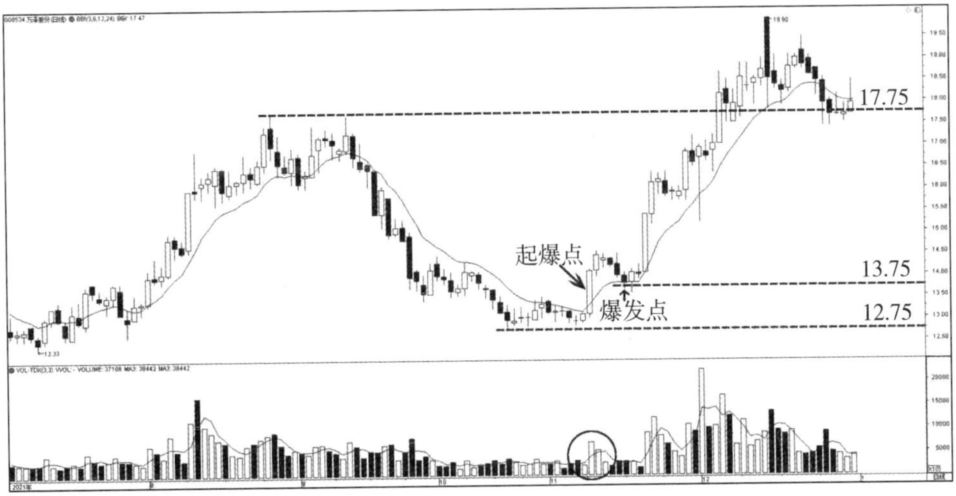

图12-7　止盈点设置示例

如图12–7所示，入场点设在13.75元这一爆发点，止损点设在下方的关键支撑位12.75元，止盈点设在上方压力位17.75元。经过简单的测算，止盈空间为4元，止损空间为1元。止盈利润是止损损失的4倍。这符合对止盈与止损比例的要求，所以可以进行这笔交易。

法则五：仓位控制

很多人买股票总是喜欢全仓杀入，在交易中不要动不动就“梭哈”，因为股市并非赌场，你也并非赌神。俗话说得好，饭要一口一口地吃，钱要一笔一笔地赚。要做到这些，仓位控制是关键。

之所以要进行仓位控制，是因为交易有风险。没有人能做到百分之百成功。十笔交易，九盈一亏，即使成功率高达90%，但如果不进行仓位控制和止盈止损比例的限制，那么，一笔亏损就可能损失掉九笔成功交易获得的利润。如表12–2所示。

表 12-2　仓位控制示例

交易笔数	交易仓位	交易结果
第一笔	3 成	盈利 10%
第二笔	3 成	盈利 10%
第三笔	3 成	盈利 10%
第四笔	3 成	盈利 10%
第五笔	3 成	盈利 10%
第六笔	3 成	盈利 10%
第七笔	3 成	盈利 10%
第八笔	3 成	盈利 10%
第九笔	3 成	盈利 10%
第十笔	满仓	亏损 30%
最终结果	净亏损 3%	

从表中可以看到，前面的九笔交易都是30%的仓位，假如每笔盈利10%，总利润为27%。如果最后一笔全仓杀入，却亏损了30%，那么，成功率高达90%的交易，最终却变成了净亏损3%的结果，岂不痛哉！

一般情况下，第一笔交易的仓位可以放大到总投入资金的3成，最大不要超过5成仓位。随着盈利不断增加，本金也在逐步变大，当增加的利润能够弥补连续3次亏损时，才可以逐步放大仓位。但是，就持仓比例来说应该不变，只是本金放大后，持仓的数量有所增加而已。比如100万元的资金，每次拿出3成仓位进行交易，也就是实际投入的交易资金为30万元。每次最大亏损不超过本金的10%，也就是10万元。当利润累积到30万元，本金变成130万元时，才可以按照本金130万元的30%进行持仓比例的设定。也就是说，此时的仓位可以放大到39万元，而最大亏损也同比例放大到13万元。

加仓时，按照此前讲解的倒金字塔加仓方式进行加仓即可，也就是说，每次加仓的数量只能等于或者小于前面一笔交易的仓位。比如，原始仓位为30万元，第一加仓只能小于或者等于30万元，一般笔者会选择20万元或者10万元进行加仓。如果第二次加仓，则仓位应该小于或等于第一次加仓的仓位，以此类推。

法则六：不要频繁交易

股市中的新手由于没有交易系统的支持，容易过度交易或者频繁交易，亏损了马上卖出，然后寻找新的目标再做。往往一个星期要进行几十次甚至上百次的交易，总想着快速回本，结果却越亏越多。

实践证明，在市场中进行频繁交易只会增加交易的成本，对于稳定盈利来说并没有什么益处。一个市场，一只股票，它能给交易者提供的获利机会是有限的，并不是时时刻刻都有交易机会，所以要学会耐心等待。当然，前提是要建立起自己的一套能够稳定盈利的交易系统。有了交易系统，一般在严格执行交易策略的前提之下，是不会出现频繁交易的。

当然，在摸索和建立自己的交易系统的过程中，如果发现自己有频繁交易的行为，就一定要耐心戒掉这个坏习惯。不要让频繁交易毁了你的大好交易前程。

法则七：培养操盘心态

作为一名股市交易者，无论是全职还是兼职，都应该时刻提醒自己，只要踏入股市，自己就是一名股市操盘手。作为一名成功的操盘手，就必须具备专业的素养和稳定的交易心态。

很多人把交易心态与对亏损的承受能力相提并论，实则不对。有些人说：无论亏损多少，他的心态都是好的，无所谓。那只能说该交易者的风险承受能力很强大，视金钱如粪土。这与操盘心态不是一回事。如表12-3所示，可以将整个操盘过程分为空仓、分析、跟踪、入场、监视、出场和总结等七个环节。从表中会发现，每一个环节所应具备的操盘心态是不同的。

表 12-3　不同阶段应具备的操盘心态

操盘阶段	应该具有的心态
空仓	中立、平静
分析	警觉、客观、全面、冷静
跟踪	耐心、警惕
入场	准时、勇气
监视	耐性、警惕
出场	接受、平静
总结	冷静、客观、全面

实战中，如果将交易系统的各个技巧与工具称之为硬件，那么，操盘心态就是确保这个系统正常运转的软件。只有硬件与软件完美匹配，才能够让整个交易系统稳定地运行，从而实现稳定盈利的目标。

交易心态的培养是一个长期的过程，不是一朝一夕就可以运用自如的，所以一定要有耐心。大家可以把表12-3打印出来，张贴到自己能够直接看到的地方。在操盘过程中，进行到哪个环节，先将所需要的心态在心中默读几遍，进而做有意识的调整，直到将这种意识转化成潜意识的个人特质时，就不用再看这张表，也能够自然而然地调整好自己的心态。这个时候，个人操盘心态的培养才算获得了真正的成功。

法则八：顺势而为

市场价格要么上涨，要么下跌。只要能辨明方向，知道趋势，顺势而为，才能在交易中取胜。很多人喜欢抄底，总想要买到最低点。理想很丰满，现实却很骨感。往往是没有抄到底部，而是股价持续走低，最终被迫割肉出场。

在此前的课程中，已经将如何量化和确认趋势改变的方法教给大家了。只有当下降趋势被确认改变后，才是最佳的入场时机。如果下降趋势没有改变，就不要试图入场。请记住，散户只能跟随主力，自己并非主力，所以要顺着主力制造的上升趋势赚取应得的利润即可。不要去猜测市场什么时候反转，要利用量化确认趋势改变的方法判断趋势的改变。有方法就要用，不要乱猜。如图12-8所示，在趋势没有改变的A，B，C各点，可能就有交易者入场了。其实趋势到了D点才真正发生了改变，也就是说D点之后才有入场的机会。

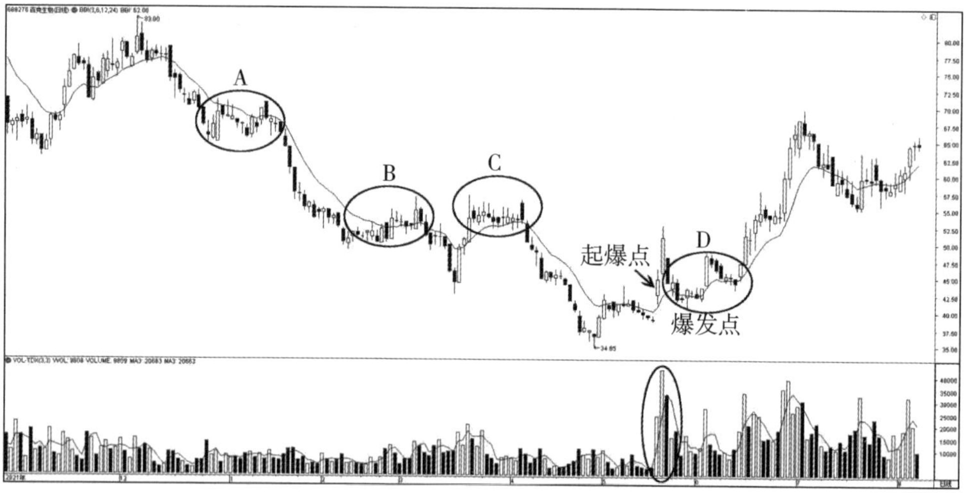

图12-8　交易时机的选择

做股票交易并不难，难的是如何不折不扣地落实既定的交易策略。有时候会发现，心里想的都是好的，但执行时总是管不住自己的手。此时，可以给自己两巴掌，让自己长长记性。如果还是不行，就学学古人，头悬梁、锥刺股，或许对自己有用。

其实，对于每一位刚进入股市的交易者来说，在对市场不了解的情况之下，应该做的就是不要轻敌，要多学、多看、多实践。通过大量的学习，汇总各种知识，在实践中不断地总结经验教训，不断地培养和升华自己的交易心态，严格遵守本堂课所讲的炒股高手必备的八大法则，逐步完善自己的交易体系，最终将自己的交易体系用于实战，并证明可以取得稳定的盈利。直到这时，交易者才能为一名真正的股市操盘手。

朋友们，成为一名成功的股市操盘手，实现财务自由，是一段非常美妙的旅程。祝愿大家旅途愉快，万事皆顺，加油！